AF337420

PROJET

DE

CONSTITUTION

POPULAIRE.

PROJET

DE

CONSTITUTION

POPULAIRE,

Contenant un nouveau système électoral, avec deux chambres électives, une nouvelle organisation de l'armée et de la garde nationale, l'abolition de tous les priviléges et monopoles, la responsabilité des ministres et de tous les fonctionnaires publics, la suppression des impôts sur les objets de première nécessité, et l'imposition des objets de luxe, enfin un système complet sur la liberté individuelle, la liberté de la presse dégagée de tous impôts et cautionnemens, les sociétés populaires, les cultes, le mariage et le divorce, les droits de cité, l'élection des fonctionnaires et des représentans du peuple, l'organisation du corps législatif et des divers pouvoirs de l'empire, la régence et les divers cas de déchéance de l'empereur, les corps judiciaires et administratifs, le jury avec la connaissance des délits correctionnels, l'abolition de la peine de mort, la suppression de la contrainte par corps, les secours publics, l'instruction publique, et les récompenses nationales, avec la déclaration des droits de l'homme et du citoyen, et la déclaration des devoirs.

Par JEAN-BAPTISTE DUPIN,

AVOCAT A LA COUR ROYALE DE BORDEAUX.

La Liberté fera le tour du monde.

Prix : 1 fr. 25 centimes.

PARIS,

Chez M. Levasseur, libraire, Palais-Royal;
et chez les principaux Libraires.

1831.

PARIS, IMPRIMERIE DE AUGUSTE MIE,
Rue Joquelet, n° 9, place de la Bourse.

NOTE DE L'AUTEUR.

Redoutant les réquisitoires de M. Persil, je sou-
mets à l'examen de mes concitoyens, sans réflexions
à l'appui, ce projet de constitution, que je me pro-
posais de publier au mois de septembre 1830, tel
que je le fais paraître aujourd'hui, et dont la publication n'a été retardée que par les conseils des amis
à qui je l'avais confié. Les dispositions, que j'ai
puisées dans la constitution de 1791 et les suivantes, sont à l'abri de toutes contestations raisonnables
et fondées; quant aux nouvelles données que je présente, je les livre avec sécurité au jugement du
public. Je n'ai été guidé, dans ce travail, que par le
sentiment d'être utile à mon pays : heureux si je
pouvais voir réaliser mes espérances; plus heureux
encore si j'avais pu donner à quelqu'un l'idée de
faire mieux, et d'aassurer invariablement au peuple français les droits sacrés et imprescriptibles
que la nature a départis à tous les hommes.

Aucune des diverses constitutions, qui ont tour-
à-tour régi la France, ne pouvant, sans uue révi-
sion nouvelle, s'adapter à l'état présent, j'ai cru
indispensable de réunir en un seul corps les différentes dispositions qui consacrent les droits du peuple, et en ajouter de nouvelles tendant à la réforme
des abus qui nous dévorent, afin d'avoir un point
fixe sur lequel on puisse s'appuyer.

Quant à la nouvelle Charte, plus vicieuse encore que la première (1), imposée par une petite fraction des députés de Charles X, je n'en dis rien et pour cause ; seulement, je crois pouvoir faire observer, sans offenser la susceptibilité du parquet, qu'elle n'est pas en harmonie avec l'esprit et les besoins de la France actuelle, et qu'il est par trop ridicule et absurde de vouloir soumettre le principe de la souveraineté populaire, aux mêmes lois faites pour et par le droit divin, les deux principes étant diamétralement opposés.

Le vice se trouvant ainsi dans la constitution même, la tranquillité et la prospérité publiques ne sauraient être rétablies d'une manière stable, que lorsque le vice sera lui-même anéanti : pour détruire de mauvais effets, il faut avant tout remonter à la cause qui les produit.

---

(1) Notamment, 1° en ce qu'elle abolit le renouvellement annuel par cinquième, disposition toute favorable à la liberté, au moyen de laquelle une partie de la chambre pouvait s'épurer chaque année, et faire disparaître peu à peu la *ventrualité* à laquelle elle mettait un frein.

2° En ne déterminant pas le cens électoral. Si le projet de M. de Cazes, adopté par la Chambre des pairs, eût passé à la Chambre des députés, le cens électoral se serait élevé en certains endroits à 5 ou 600 fr. Est-il donc impossible de voir de nouveau dans la Chambre des députés une majorité ministérielle, d'accord avec la Chambre des pairs, céder par peur ou par tout autre sentiment à tous les désirs et à toutes les impulsions du pouvoir ? Quel obstacle pourrait alors s'opposer à ce que le cens électoral fût porté au taux désiré par le gouvernement ? On pourrait même faire légalement ce que Charles X a fait illégalement par ses ordonnances.

PROJET

DE

CONSTITUTION POPULAIRE.

DROITS DE L'HOMME ET DU CITOYEN.

ART. 1ᵉʳ.

Les hommes naissent et demeurent libres et égaux en droits. Il ne peut exister d'autres distinctions sociales, que celles des talens et des vertus, les seules qu'admette la nature.

ART. 2.

Le but où doit tendre toute société est le bonheur commun. Le gouvernement établi par la société n'est institué que pour garantir et conserver à chacun de ses membres les droits sacrés et imprescriptibles qu'il tient de la nature.

Ces droits sont *la liberté, l'égalité, la sûreté, la propriété, la résistance à l'oppression.*

ART. 3.

La liberté est le pouvoir qui appartient à chacun de faire tout ce qui ne nuit pas aux droits d'autrui. Elle a pour principe la nature, pour règle la justice, pour sauvegarde la loi. Sa limite morale est dans cette maxime : *Ne fais pas à un autre ce que tu ne veux pas qu'il te soit fait.*

ART. 4.

L'égalité consiste en ce que tous les membres de la société exercent également les mêmes droits, jouissent des mêmes avantages, et supportent les mêmes charges, sans aucune distinction quelconque.

ART. 5.

La sûreté consiste dans la protection accordée par la société à chacun de ses membres, pour la conservation de sa personne, de ses droits et de ses propriétés.

ART. 6.

La propriété est le droit qui appartient à chaque membre de la société , de jouir et de disposer, à son gré, de ses biens , de ses revenus , du fruit de son travail et de son industrie.

ART. 7.

La résistance à l'oppression est le droit qu'ont tous les membres de la société ensemble, ou chaque membre de la société en particulier, de détruire par tous les moyens possibles, la tyrannie qui tenterait d'enlever, soit à quelques-uns, soit à tous , le libre exercice des droits que l'homme tient de la nature.

Quand le gouvernement viole les droits du peuple , consacrés par la constitution qu'il s'est donnée , l'insurrection est , pour le peuple et pour chaque portion du peuple , le plus sacré des droits et le plus indispensable des devoirs.

ART. 8.

Le principe de toute souveraineté réside essentiellement dans la nation , c'est-à-dire, dans l'universalité des citoyens ; nul corps, nul individu ne peut exercer d'autorité qui n'en émane expressément ; nul individu, nulle réunion partielle de citoyens , plus ou moins grande , ne peut s'attribuer la souveraineté.

ART. 9.

La loi est l'expression libre et solennelle de la volonté générale. Tous les citoyens ont droit de concourir, personnellement ou par leurs représentans, à sa formation. Elle doit être la même pour tous , soit qu'elle protège, soit qu'elle punisse ; elle ne peut ordonner que ce qui est juste ou utile à la société, elle ne peut défendre que ce qui lui est nuisible. Tout ce qui n'est pas défendu par la loi ne peut être empêché , et nul ne peut être contraint à faire ce qu'elle n'ordonne pas.

ART. 10.

Tous les hommes étant égaux par la nature , le sont également devant la loi ; en conséquence ils sont tous également admissibles aux places et emplois publics, selon leur capacité, sans autre distinction que celle de leurs vertus et de leurs talens.

ART. 11

Nul individu ne peut être accusé, arrêté, ni détenu, que dans les cas déterminés par la loi, et selon les formes qu'elle a prescrites; ceux qui sollicitent, expédient, exécutent ou font exécuter des ordres arbitraires, sont coupables et doivent être punis.

ART. 12.

Tout acte exercé contre un homme, hors des cas et sans les formes que la loi détermine, est arbitraire et tyrannique; celui contre lequel on voudrait l'exercer par la violence, a le droit de le repousser par la force; mais tout individu appelé ou saisi en vertu de la loi, doit obéir à l'instant; il se rend coupable par la résistance.

ART. 13.

Tout homme étant présumé innocent, jusqu'à ce qu'il ait été déclaré coupable, s'il est jugé indispensable de l'arrêter, toute rigueur qui ne serait pas nécessaire pour s'assurer de sa personne, doit être sévèrement réprimée par la loi.

ART. 14.

Nul ne doit être jugé et puni, qu'après avoir été entendu, ou légalement appelé, et qu'en vertu d'une loi promulguée antérieurement au délit. L'effet rétroactif donné à une loi est un crime.

ART. 15.

La loi ne doit décerner que des peines strictement et évidemment nécessaires; les peines doivent être proportionnées aux délits et utiles à la société. Tout traitement qui aggrave la peine déterminée par la loi, est un crime.

ART. 16.

La libre communication des pensées et des opinions étant un des droits les plus précieux de l'homme, tout citoyen peut parler, écrire, imprimer librement, sauf à répondre de l'abus de cette liberté dans les cas déterminés par la loi. Le droit de manifester ses pensées et ses opinions, soit par la voie de la presse, soit par toute autre manière, le droit de s'assembler paisiblement et de discuter publiquement ses pensées et ses opinions, ne peuvent être interdits ni restreints : la loi ne peut tendre qu'à réprimer les abus de cette liberté, mais jamais à priver les citoyens de l'exercice de ces droits.

ART. 17.

Nul ne peut être inquiété pour ses opinions religieuses, pourvu que leur manifestation ne trouble pas l'ordre public établi par la loi.

ART. 18.

Nul genre de travail, de culture, de commerce, ne peut être interdit à l'industrie des citoyens.

ART. 19.

Tout individu peut engager ses services, son temps, mais il ne peut se vendre, ni être vendu ; sa personne n'est pas une propriété aliénable.

ART. 20.

Les secours publics sont une dette sacrée. La société doit la subsistance aux citoyens malheureux, soit en leur procurant du travail, soit en assurant les moyens d'exister à ceux qui sont hors d'état de travailler.

ART. 21.

L'instruction est le besoin de tous. La société doit favoriser de tout son pouvoir les progrès de la raison publique, et mettre l'instruction à la portée de tous les citoyens.

ART. 22.

La garantie sociale consiste dans l'action de tous, pour assurer à chacun la jouissance et la conservation de ses droits. Cette garantie repose sur la souveraineté nationale; elle ne peut exister si les limites des fonctions publiques ne sont pas clairement déterminées par la loi, et si la responsabilité de tous les fonctionnaires n'est pas assurée.

ART. 23.

Les fonctions publiques sont essentiellement temporaires ; elles ne peuvent être considérées comme des distinctions, ni comme des récompenses, mais comme des devoirs.

ART. 24.

La garantie des droits de l'homme et du citoyen nécessite une force publique ; cette force est donc instituée pour l'avantage de tous, et non pour l'utilité particulière de ceux auxquels elle est confiée.

ART. 25.

Pour l'entretien de la force publique et pour les dépenses d'administration, une contribution commune est indispensable ; elle doit être également répartie entre tous les citoyens en raison de leurs facultés. Nulle contribution ne peut être établie que pour l'utilité générale.

ART. 26.

La société a droit de demander compte à tout agent public de son administration.

ART. 27.

Une nation a toujours le droit de revoir, de réformer et de changer sa constitution. Une génération ne peut assujettir à ses lois les générations futures.

———

DEVOIRS. (1)

ART. 1er.

La déclaration des droits contient les obligations des législateurs. Le maintien de la société demande que ceux qui la composent connaissent et remplissent leurs devoirs.

---

(1) Cette déclaration a été copiée textuellement dans la constitution de l'an 3.

ART. 2.

Tous les devoirs de l'homme et du citoyen dérivent de ces deux principes, gravés par la nature dans tous les cœurs :

Ne faites pas à autrui ce que vous ne voudriez pas qu'on vous fît.

Faites constamment aux autres le bien que vous voudriez en recevoir.

ART. 3.

Les obligations de chacun envers la société consistent à la défendre, à la servir, à vivre soumis aux lois, et à respecter ceux qui en sont les organes.

ART. 4.

Nul n'est bon citoyen, s'il n'est bon fils, bon époux, bon père, bon frère, bon ami.

ART. 5.

Nul n'est homme de bien, s'il n'est franchement et religieusement observateur des lois.

ART. 6.

Celui qui viole ouvertement les lois, se déclare en état de guerre avec la société.

ART. 7.

Celui qui, sans enfreindre les lois, les élude par ruse ou par adresse, blesse les intérêts de tous ; il se rend indigne de leur bienveillance et de leur estime.

ART. 8.

C'est sur le maintien des propriétés que reposent la culture des terres, toutes les productions, tout moyen de travail, et tout l'ordre social.

ART. 9.

Tout citoyen doit ses services à la patrie et au maintien de la liberté, de l'égalité et de la propriété, toutes les fois que la loi l'appelle à les défendre.

En conséquence des principes ci-dessus posés, la constitution de l'Empire français dispose :

ART. 1ᵉʳ.

Tous les citoyens français sont égaux en droits ; ils sont tous admissibles aux places et emplois quelconques , sans autre distinction que celle de leurs talens et de leurs vertus.

ART. 2.

Toutes institutions, blessant la liberté et l'égalité des droits, sont irrévocablement et à jamais abolies.

Ainsi il n'y a plus ni noblesse, tant ancienne que moderne, ni pairie, ni distinction héréditaire , ni distinction d'ordres , ni aucun des titres, dénominations et prérogatives qui en dérivaient, ni aucune autre supériorité que celle des fonctionnaires dans l'exercice de leurs fonctions.

Il n'y a plus ni vénalité, ni hérédité d'aucun office public.

Il n'y a plus, pour aucune partie de la nation, ni pour aucun individu, aucun privilége, aucun monopole, ni exception au droit commun de tous les citoyens français.

ART. 3.

Tout genre de travail, de culture, de commerce, est livré indistinctement à l'industrie de tous les citoyens.

Il n'existe désormais aucune limitation au nombre des postulans aux divers états ou professions quelconques.

Le corps législatif détermine les études préalables propres à garantir la capacité, et fixe les cautionnemens destinés à assurer la responsabilité : les cautionnemens ne peuvent jamais être plus du double de la responsabilité à encourir (1).

LIBERTÉ INDIVIDUELLE.

ART. 4.

Tout citoyen français est libre d'aller, de rester, de partir,

---

(1) Il est révoltant que, sous le principe de la souveraineté populaire , un citoyen ne puisse exercer l'industrie qui lui plaît, ni faire venir dans son champ ce qui lui fait plaisir.

sans pouvoir être arrêté ni détenu , que dans les cas déterminés par la loi : seront seuls soumis à la formalité des passeports , les étrangers et les Français qui n'auraient pas acquis la qualité de citoyen , ou ceux qui l'auraient perdue.

ART. 5.

Le domicile de tout citoyen français est un asile sacré et inviolable ; pendant la nuit, nul n'a le droit d'y pénétrer, que dans les cas d'incendie, d'inondation, ou de réclamations faites de l'intérieur de la maison. Pendant le jour, on peut y entrer pour un objet spécial , déterminé par une loi ou par un ordre émané d'une autorité publique.

ART. 6.

Pour que l'acte qui ordonne l'arrestation d'un citoyen français puisse être exécuté , il faut qu'il exprime formellement : 1° le motif de l'arrestation , et la loi en exécution de laquelle elle est ordonnée ; 2° qu'il émane d'un fonctionnaire à qui la loi ait donné ce pouvoir ; 3° qu'il soit notifié à la personne, et qu'il lui en soit laissé copie.

ART. 7.

Tout gardien ou geolier est tenu, sans qu'aucun ordre puisse l'en dispenser, de représenter la personne arrêtée à l'officier civil ayant la police de la maison de détention , toutes les fois qu'il en sera requis par cet officier.

ART. 8.

La représentation de la personne détenue ne pourra être refusée à ses parens ou amis, porteurs de l'ordre de l'officier civil, lequel sera toujours tenu de l'accorder, à moins que le gardien ou geolier ne représente une ordonnance du juge pour tenir la personne au secret.

ART. 9.

Tous ceux qui, n'ayant pas reçu de la loi le pouvoir de faire arrêter, donneront, signeront, exécuteront l'arrestation d'un citoyen français ; tous ceux même qui, dans le cas de l'arrestation autorisée par la loi , recevront ou retiendront la-

personne arrêtée dans un lieu de détention, non publiquement et légalement désigné comme tel, et tous gardiens ou
geoliers qui contreviendront aux dispositions des articles précédens, seront coupables du crime de détention arbitraire.

ART. 10.

Toutes rigueurs employées dans les arrestations, détentions
ou exécutions, autres que celles déterminées par la loi, sont
des crimes.

ART. 11.

Tout citoyen français détenu pourra toujours obtenir sa liberté provisoire sous caution : la caution demeurera responsable des peines encourues.

ART. 12.

Il n'est fait exception à l'article précédent, que pour les
crimes emportant une des principales peines, et pour tous les
crimes contre la sûreté de l'état et le renversement du gouvernement établi par la constitution.

ART. 13.

Aucun citoyen français ne peut, sous aucun prétexte, être
distrait des juges qui lui sont assignés par la loi, sauf les cas
prévus par la constitution.

LIBERTÉ DE LA PRESSE.

ART. 14.

Tout citoyen français peut parler, écrire, imprimer et publier, de quelque manière que ce soit, ses pensées et ses opinions, sans que ses discours et ses écrits puissent être soumis
à aucune inspection ni censure quelconque avant leur publication. Les lois à rendre sur la liberté de la presse, ne peuvent avoir d'autre but que de sévir contre les abus de cette
liberté, mais jamais de restreindre, en aucune manière, l'exercice de ce droit.

Ce droit comprend l'art dramatique et la peinture.

ART. 15.

Aucune espèce d'impôts ne pourra frapper les produits de

la presse, dont chaque citoyen français a le libre usage. Tout impôt actuel demeure définitivement aboli. Dans aucune circonstance, il ne pourra être établi de patentes ni de cautionnemens (1).

ART. 16.

Les Français qui n'auraient pas acquis la qualité de citoyens, ou ceux qui l'auraient perdue, ne profiteront point des dispositions des articles précédens ; ils demeureront soumis à toutes les lois exceptionnelles que le corps législatif jugera convenable de rendre à cet égard.

SOCIÉTÉS POPULAIRES.

ART. 17.

Tous les citoyens français ont le droit de s'assembler paisiblement et sans armes, quand bon leur semble, et dans le lieu qu'il leur plaît de choisir, pour y publier ou discuter leurs opinions sur quelque objet que ce soit.

ART. 18.

Les lois et réglemens de police à ce sujet ne peuvent avoir pour but que d'atteindre et réprimer les abus de cette liberté, et non de gêner en rien l'exercice du droit en lui-même.

ART. 19.

Les dispositions des articles précédens ne sont point applicables aux Français qui n'ont point acquis la qualité de citoyens, ou à ceux qui l'auraient perdue ; ils demeureront soumis à toutes les lois exceptionnelles à rendre par le corps législatif, et à tous les décrets de l'empereur.

IMPOTS.

ART. 20.

Les contributions sont également réparties entre tous les

---

(1) Pour que la liberté de la presse existe réellement, il faut qu'elle soit dégagée de toute entrave : avec les cautionnemens, l'exercice de ce droit est seulement dévolu aux riches. Où en serions-nous s'il fallait exiger une garantie pour l'usage de chaque chose qui peut nuire.

citoyens français, en proportion de leurs facultés. Les Français non citoyens les supportent, ou dans les mêmes proportions, ou dans une proportion plus forte, selon que le corps législatif le juge convenable.

ART. 21.

Les objets de première nécessité, tels que le sel et autres alimens, et toutes les boissons, produit du sol français, ne doivent jamais, et sous aucun prétexte, être imposés. Tous les médicamens ne pourront également être soumis à aucun droit.

ART. 22.

Les objets de luxe sont principalement imposés.

ART. 23.

Les rentiers de l'état sont imposés dans la même proportion que les propriétaires ; ils supportent la même retenue sur leurs rentes, que les propriétaires sur leurs revenus

ART. 24.

Est supprimé à jamais tout impôt dont la perception exige des perquisitions et des visites domiciliaires, et notamment celui appelé *Droits réunis.* Il ne pourra en être établi de semblable, dans aucun temps et sous aucun mode.

ART. 25.

Les contributions publiques sont délibérées et fixées chaque année par le corps législatif.

ART. 26.

Les comptes détaillés des recettes et dépenses des départe-temens ministériels, signés et certifiés par les ministres, sont rendus publics par la voie de l'impression, au commencement de chaque session législative.

ART. 27.

Les états de ces recettes et dépenses sont distincts, suivant leur nature, et expriment les sommes touchées et dépensées, année par année, dans chaque département ministériel, et pour chaque objet.

2

ART. 28.

Aucun impôt ne peut être perçu, s'il n'a été voté par le corps législatif, si ce n'est dans le cas de l'exercice du pouvoir dictatorial.

ART. 29.

Les communes peuvent s'imposer, mais les contributions ne peuvent être consenties que dans une assemblée générale, où doivent être appelés tous les électeurs domiciliés dans la commune.

CULTES.

ART. 30.

Toutes les opinions religieuses quelconques, basées sur l'existence de la Divinité, sont permises. Il est libre à chacun de les prêcher, professer et publier. Nul ne peut être inquiété à raison de ses croyances, quelles qu'elles soient. La loi accorde à cet égard la même protection à tous. Cette protection ne peut tendre qu'à assurer à chaque croyance le libre exercice du culte, mais jamais à favoriser l'une au détriment de l'autre, à raison de la contrariété des dogmes ou des principes, et sous prétexte qu'elles se détruisent mutuellement. La liberté de la controverse est illimitée.

ART. 31.

En maintenant l'exercice du droit consacré par l'article précédent, le corps législatif peut néanmoins, en cas de troubles, soumettre les différentes sectes à des formalités tendant à assurer la tranquillité publique. Il peut, en toutes circonstances, prendre connaissance des divers réglemens et statuts de chaque secte, et prescrire toutes les dispositions nécessaires au maintien de l'ordre public établi par la constitution et les lois. La loi ne peut avoir en vue que la police et la sûreté intérieure et extérieure de l'empire ; elle ne peut avoir pour objet d'éteindre et d'étouffer, en aucune manière, la liberté indéfinie des discussions religieuses, quelles qu'elles puissent être, ni s'occuper du plus ou moins de véracité des différens dogmes, et du ridicule que les divers religionnaires ou sectaires peuvent respectivement se déverser, de quelque manière que ce soit.

ART. 32.

L'exercice religieux ne doit avoir lieu que dans l'enceinte des temples ou églises : toutes cérémonies et toutes démonstrations extérieures quelconques sont interdites à tous cultes ou opinions religieuses, en tous temps et en tous lieux.

ART. 33.

Aucun des prêtres, ministres ou fonctionnaires quelconques des divers cultes établis ou à établir, ne reçoit de traitement ou indemnité de l'état. Nul ne peut être forcé de contribuer aux dépenses d'un culte. Tous les frais nécessaires à l'entretien des cultes sont soldés au moyen de souscriptions volontaires et librement consenties par les co-religionnaires respectifs.

ART. 34.

Tout prêtre ou ministre d'un culte est incapable de recueillir les dispositions entre-vifs ou testamentaires faites en sa faveur par un religionnaire du culte qu'il enseigne, à moins que la libéralité ne lui ait été faite par un de ses parens.

ART. 35.

Il ne peut être formé aucune aggrégation ou communauté de personnes de l'un ou l'autre sexe, devant vivre dans le célibat : tout établissement de ce genre est interdit. La loi ne reconnaît plus ni vœux religieux, ni aucun autre engagement qui serait contraire aux droits naturels et à la constitution : de pareils vœux sont nuls de plein droit.

DU MARIAGE ET DU DIVORCE.

ART. 36.

La loi ne considère le mariage que comme un contrat civil.

ART. 37.

Le divorce, soit pour cause déterminée, soit par consentement mutuel, est rétabli tel qu'il existait d'après le Code civil : il ne pourra y être porté de nouvelles entraves.

DROITS DE CITÉ.

ART. 38.

Pour exercer les droits de citoyen français, il faut être inscrit sur le registre civique de la commune où on est domicilié au moment de l'inscription, et payer une contribution directe, foncière ou personnelle. Les patentes sont considérées comme contribution directe.

ART. 39.

Tout homme résidant en France, âgé de vingt-un ans révolus, né d'un père français, est admis à se faire inscrire sur ce registre.

Est également admissible à cette inscription, tout étranger, qui, domicilié en France depuis dix ans, y vit de son travail, ou acquiert une propriété, ou épouse une Française, ou adopte un enfant, ou nourrit un vieillard ; enfin, tout étranger qui sera jugé par le corps législatif avoir bien mérité de l'humanité.

ART. 40.

Pour être inscrit sur le registre civique il faut préalablement prêter entre les mains du maire de sa commune le serment suivant :

Je jure fidélité et obéissance à la nation, à la constitution décrétée le

à la loi, à l'empereur. Je jure de vivre constamment en religieux observateur des lois ; de ne jamais perdre de vue dans mes actions l'intérêt de la patrie et le bonheur de mes concitoyens ; de défendre et de maintenir, dans toutes circonstances et par tous les moyens qui seront en mon pouvoir, tous les droits et principes consacrés par la constitution de l'empire ; en conséquence, je voue une haine implacable à la tyrannie, exécration éternelle aux Bourbons déchus, m'engageant de contribuer de tous mes efforts à détruire toute tentative de leur part ou de leurs partisans contre l'ordre constitutionnel fondé par la volonté populaire.

ART. 41.

La formule de ce serment devra, après sa prestation, être transcrite sur le registre civique par tous ceux qui savent écrire; mention sera faite de la prestation de ceux qui ne le savent pas.

Dix ans après la promulgation de la constitution, tout homme, réclamant la qualité de citoyen, devra lui-même transcrire ce serment après l'avoir prêté.

ART. 42.

Les militaires et marins, après deux ans de service dans les armées françaises, sont citoyens; ils exercent les droits attachés à cette qualité, sans aucune condition de contribution, à la charge seulement de prêter le serment civique entre les mains du chef du corps dans lequel ils servent, et de le transcrire sur les registres, s'ils savent écrire.

ART. 43.

L'exercice des droits de citoyen se perd : 1° par la naturalisation en pays étranger; 2° par l'affiliation à toute corporation étrangère, qui supposerait des distinctions de naissance, ou qui exigerait des vœux de religion; 3° par l'acceptation de fonctions, de service militaire, ou de pensions offertes par un gouvernement étranger, sans l'autorisation du corps législatif; 4° par la condamnation à des peines afflictives ou infamantes, jusqu'à réhabilitation.

ART. 44.

L'exercice des droits de citoyen est suspendu : 1° par l'interdiction judiciaire pour cause de fureur, de démence ou d'imbécillité; 2° par l'état de débiteur failli, ou d'héritier immédiat, détenteur, à titre gratuit, de tout ou partie de la succession d'un failli; 3° par l'état de domestique à gages, attaché au service de la personne ou du ménage; 4° par l'état d'accusation prononcée; 5° par un jugement de contumace, tant que le jugement n'est pas anéanti.

ART. 45.

Les droits de citoyen sont ceux de vote et d'élection, d'éligibilité, de port d'armes, d'être appelé aux fonctions de juré et aux fonctions publiques, de faire partie de la garde nationale, de parvenir aux grades dans l'armée, enfin tous les droits qui ont rapport à l'exercice des pouvoirs de l'empire, la puissance législative, l'autorité exécutive et administrative, et le pouvoir judiciaire.

ART. 46.

Les Français non citoyens ne jouissent que des droits purement civils. Ces droits consistent principalement dans la faculté de posséder des propriétés, d'en disposer, de les transmettre; de recevoir à titre gratuit, et de succéder, d'adopter et d'être adopté, d'être nommé tuteur, de faire partie d'un conseil de famille, de porter témoignage, soit en justice, soit dans les actes publics, enfin dans l'exercice de tous les actes purement et simplement relatifs à la vie civile.

ART. 47.

Les citoyens français jouissent seuls des droits consacrés par la constitution; tous les autres Français demeureront soumis aux lois exceptionnelles, qu'en toutes circonstances, le corps législatif pourra rendre à leur égard (1).

DES FONCTIONNAIRES PUBLICS.

ART. 48.

Tout citoyen français, à moins d'infirmités légalement constatées, est soumis à l'obligation de remplir les fonctions qui lui sont déférées par l'empereur ou par ses concitoyens. Les motifs d'excuse, autres que ceux de maladie, sont portés de-

---

(1) Quelques individus crieront sans doute beaucoup contre cette distinction. Ce sera à tort, car tous les Français ont la faculté de devenir citoyens, en prêtant le serment civique. Un patriote le prêtera avec plaisir; il ne pourra répugner qu'aux ennemis de la patrie. Faut-il donc laisser à ces derniers toute facilité pour renverser l'ordre constitutionnel, voulu par la masse de la nation? Le temps est enfin venu où il ne doit y avoir en France que des Français.

vant la cour impériale, chambres réunies, qui les admet ou les rejette.

ART. 49.

Le citoyen non excusé, qui se refuse à remplir les fonctions à lui confiées, perd les droits de citoyen.

ART. 50.

Le fonctionnaire nommé, qui n'est pas entré en fonctions dans les dix jours à dater de l'époque où il doit exercer, est censé avoir refusé. Ce délai expiré, il est cité, sur les poursuites du procureur-général, devant la cour impériale, pour se voir déchoir de ses droits de cité. La cour peut néanmoins prendre en considération les motifs suffisans d'excuse qui l'ont empêché d'exercer dès le premier moment.

ART. 51.

La durée des fonctions publiques est fixée à cinq ans : les fonctionnaires sortant ne peuvent être réélus que de leur consentement. Pour être nommé à une fonction publique, il faut être âgé de vingt-cinq ans.

ART. 52.

La plus forte indemnité ou traitement des fonctionnaires publics ne peut s'élever, à Paris, au-delà de 25,000 francs et des frais de bureau, et, dans les départemens, au-delà de 12,000 francs et des frais de bureau.

Les frais de bureau et d'établissement doivent être dûment constatés et justifiés.

ART. 53.

Les indemnités ou traitemens ne sont accordés aux fonctionnaires, que tout autant que leur fortune n'est pas suffisante pour l'entretien convenable de leur famille directe.

ART. 54.

Les fonctions publiques sont incompatibles avec celles de représentans du peuple. Les citoyens français peuvent seuls être appelés aux fonctions publiques. Un citoyen ne peut être nommé qu'à une seule fonction publique : le cumul est expressément interdit.

ART. 55.

Les fonctionnaires publics sont responsables de leur administration. A l'expiration de leurs fonctions, ou pendant leur durée, ils peuvent être soumis à rendre compte de leur gestion ; ils peuvent également être accusés à raison de leur administration.

ART. 56.

Pour qu'il y ait lieu à l'accusation ou à la reddition de comptes, il suffit de la réclamation du tiers du nombre des électeurs de l'arrondissement ou du département où le fonctionnaire administre.

ART. 57.

La réclamation, signée de tous les réclamans, énonce les faits et les inculpations ; elle est adressée à l'une ou l'autre chambre ; elle est signifiée judiciairement au fonctionnaire inculpé, avec indication de la chambre législative à laquelle elle doit être portée.

ART. 58.

La chambre législative à qui elle parvient ne peut s'occuper de son examen qu'un mois après sa réception : pendant ce mois, le fonctionnaire public a le droit d'adresser à cette chambre les mémoires et les pièces justificatives qu'il juge convenables.

ART. 59.

A l'expiration du mois, la chambre charge une commission de vingt-cinq membres, tirés au sort, de faire le rapport. La commission, après l'examen des pièces, ne peut faire son rapport que dix jours au plus tôt après sa nomination. La discussion s'ouvre ensuite ; après la clôture, la chambre déclare s'il y a lieu ou non à accusation ou à la reddition de comptes.

ART. 60.

Dans le cas où elle décide qu'il y a lieu à accusation, elle déclare les divers chefs d'accusation , elle caractérise le délit, elle renvoie à l'autre chambre pour y être prononcé, et nomme en même temps une commission de cinq membres pour soutenir l'accusation : dès ce moment , le fonctionnaire cesse l'exercice de ses fonctions, il est provisoirement remplacé.

ART. 61.

La chambre nantie de l'accusation , après la réception de la décision de renvoi , tire au sort une commission de vingt-cinq membres, qui sera chargée de faire un rapport sur la mise en accusation lors de l'ouverture des débats dont elle fixera le jour, en laissant au fonctionnaire un délai moral pour comparaître et présenter sa défense , soit par lui-même , soit par les conseils dont il a le choix.

ART. 62.

Le ministre de l'intérieur est chargé de la notification à faire de cette décision au fonctionnaire ; il désigne à cet effet un des fonctionnaires du domicile de ce dernier.

ART. 63.

Au jour fixé , la chambre statue sur l'accusation déférée ; elle absout , ou prononce telle peine qu'elle juge convenable ; elle exerce à cet égard un pouvoir discrétionnaire.

ART. 64.

Dans le cas où la chambre d'abord nantie décide qu'il y a lieu à soumettre le fonctionnaire à une reddition de comptes , elle renvoie devant l'autre chambre, pour y être procédé comme il est prescrit pour le cas de mise en accusation.

ART. 65.

Les dispositions ci-dessus ne s'appliquent qu'aux fonctionnaires d'un ordre supérieur ; les fonctionnaires d'un ordre subalterne sont traduits directement , et sans autorisation, devant la cour impériale , chambres réunies , sur la réclamation motivée et signée du tiers du nombre des électeurs de la commune ou de l'arrondissement où le fonctionnaire administre.

ART. 66.

Entre le jour de l'assignation et celui de la comparution, il y aura au moins un délai de quinzaine. Les débats seront publics. Après le rapport d'un conseiller et les plaidoieries du ministère public et des défenseurs du fonctionnaire, la cour décide s'il y a lieu ou non à accusation ; dans ce dernier cas, elle renvoie devant la cour d'assises, en caractérisant le délit, et en énonçant les faits, sur lesquels le jury aura à prononcer.

ART. 67.

Tout citoyen français peut, seul et sans autorisation, traduire, soit devant les chambres, soit devant la cour, un fonctionnaire public quelconque, pour un fait personnel, et pour tout acte arbitraire dont il aurait à se plaindre, en se conformant toutefois aux formalités exigées par les articles précédens.

ART. 68.

Dans tous les cas de réclamation, soit d'un seul ou de plusieurs citoyens, en réparation d'actes arbitraires ou de mauvaise administration, il peut être prononcé, en cas de rejet de la demande, par les chambres ou la cour, tels dommages-intérêts que de droit, et même toutes autres peines : la diffamation et la calomnie ne devant jamais demeurer impunies.

Dans ce cas, les condamnés demeurent soustraits à toute autre action de la part du fonctionnaire public.

ART. 69.

Ne peuvent être mis en accusation aucun des juges en matière civile, commerciale ou criminelle, à raison de leurs jugemens.

ART. 70.

Les membres du parquet des tribunaux et cours sont responsables de tous leurs actes en contravention à la constitution ou aux lois, et soumis aux mêmes actions.

ART. 71.

Aucun fonctionnaire public ne peut entrer en exercice de ses fonctions, sans avoir prêté serment *de fidélité et d'obéissance à la nation, à la constitution décrétée le*   *à la loi, à l'empereur, de remplir, avec la plus scrupuleuse exactitude et la probité la plus sévère, les fonctions auxquelles il a été appelé; de n'user de l'autorité qui lui est confiée, que dans l'intérêt de la patrie, et en vue du bonheur de ses concitoyens, et d'assurer, de tous ses efforts, le maintien de tous les droits et principes consacrés par la constitution de l'empire.*

DES POUVOIRS PUBLICS ET DU GOUVERNEMENT.

ART. 72.

La souveraineté est une, indivisible, inaliénable et imprescriptible; elle appartient à l'universalité des citoyens français. Aucune portion du peuple, ni aucun individu ne peut s'en attribuer l'exercice; nul corps, nul individu ne peut exercer d'autorité qui n'en émane expressément.

L'universalité des citoyens en qui résident tous les pouvoirs, ne les exerce que par délégation.

ART. 73.

Le gouvernement est essentiellement républicain. L'administration du gouvernement est confiée, par une assemblée nationale nommée à cet effet, à un chef qui prend le titre d'*Empereur des Français.*

ART. 74.

Le corps législatif est formé de deux assemblées nationales, composées de représentans temporaires, librement élus par l'universalité des citoyens, de la manière qui sera ci-après déterminée.

ART. 75.

Le corps législatif a seul le droit et le pouvoir de faire des lois (1).

______

(1) Sous le principe de la souveraineté populaire, le pouvoir consti-

ART. 76.

L'empereur est seulement dépositaire du pouvoir exécutif : il n'est que le premier fonctionnaire public de la nation. Il ne gouverne que par la loi, et ce n'est qu'au nom de la loi qu'il peut exiger l'obéissance.

ART. 77.

Le pouvoir exécutif délégué à l'empereur est exercé, sous son autorité, par des ministres et autres agens responsables, de la manière qui sera ci-après déterminée.

ART. 78.

Le pouvoir judiciaire est délégué à des juges élus à temps par les citoyens.

ART. 79.

Le drapeau de l'empire français est le drapeau tricolore, tel que la nation l'a adopté dans la révolution : sur la couleur blanche est peint un aigle doré non couronné; au-dessus de l'aigle, on lit en lettres d'or, placées en forme circulaire : *Dieu protége la France;* à droite de l'aigle : *Liberté, égalité;* à gauche : *Honneur, patrie;* au-dessous de la foudre que l'aigle tient dans ses serres : *Vivre libre ou mourir.*

ART. 80.

Le même drapeau sera donné à l'armée, à l'exception que l'aigle massif sera fixé, comme précédemment, au bout de la gaule; l'aigle sera remplacé sur la couleur blanche par une couronne de laurier dans laquelle on lira : *La nation à* (tel ou tel régiment); à l'entour de la couronne : *N..........., empereur des Français.*

La cocarde nationale est la cocarde tricolore telle qu'elle existe aujourd'hui.

---

tutif doit résider en entier dans les représentans de la nation. Le pouvoir exécutif peut seul être délégué au chef de l'état, qui n'est qu'un simple mandataire. J'ai laissé à l'empereur, comme on le verra, toute facilité de faire le bien; mais je me suis appliqué à lui enlever les moyens de faire le mal; car le pouvoir est sans cesse porté à l'usurpation des droits du peuple.

ART. 81.

Tous les actes du pouvoir exécutif judiciaire seront rédigés *au nom du peuple français*; ils porteront en tête, à droite : *Liberté, égalité*; à gauche : *Honneur, patrie*. Entre ces devises sera dessiné un aigle non couronné, avec ces mots à l'entour de la tête : *Dieu protége la France*. La formule, *au nom du peuple français*, sera suivie de cette phrase : *Et par la constitution de l'empire, N........., empereur des Français.*

DU CORPS LÉGISLATIF.

ART. 82.

Le corps législatif est composé de deux assemblées nationales de représentans librement élus par les citoyens.

ART. 83.

La première assemblée se nomme l'assemblée industrielle; la seconde, l'assemblée territoriale.

ART. 84.

Chaque assemblée nomme son président et tous les membres du bureau.

ART. 85.

Chaque assemblée vérifie les pouvoirs de ses membres, et prononce sur la validité des élections contestées.

ART. 86.

Les membres du corps législatif ne sont pas les représentans du département qui les a nommés, mais de la France entière : il ne pourra leur être donné aucun mandat. La durée de leurs fonctions est de deux ans.

ART. 87.

Les deux assemblées ont respectivement le droit de police dans le lieu de leurs séances, et dans l'enceinte extérieure qu'elles ont déterminée.

ART. 88.

Elles ont respectivement le droit de police sur leurs membres; mais elles ne peuvent infliger de peines plus fortes que la censure ; elles ne peuvent jamais en exclure aucun, sous quelque prétexte que ce soit.

ART. 89.

Les séances de l'une et l'autre chambre sont publiques : néanmoins sur la demande de vingt-cinq membres dans l'une et l'autre assemblée, elles peuvent se former en comité secret. L'empereur peut également requérir des comités secrets pour des communications à faire. Dans tous les cas, les délibérations et les votes ne peuvent avoir lieu qu'en séance publique. Les procès-verbaux des séances sont imprimés.

ART. 90.

Ni l'une ni l'autre assemblée ne peut créer dans son sein aucun comité permanent ; mais chaque assemblée, lorsqu'une matière lui paraît susceptible d'un examen préparatoire, a le droit de nommer, parmi ses membres, une commission spéciale qui se renferme uniquement dans l'objet de sa formation.

ART. 91.

En aucun cas, le corps législatif, ou l'une ou l'autre assemblée, ne peut déléguer à un ou plusieurs de ses membres, ni à qui que ce soit, aucune des fonctions qui lui sont attribuées par la constitution, ni exercer soi-même ou par des délégués le pouvoir exécutif, ni le pouvoir judiciaire, si ce n'est dans les cas déterminés par la constitution.

ART. 92.

Les deux chambres du corps législatif tiennent leurs séances à Paris ; elles se réunissent de plein droit et sans convocation, le premier lundi du mois de juin de chaque année. L'empereur peut faire l'ouverture de la session législative. Après l'ouverture, les représentans des deux chambres se retirent dans le local qui leur est destiné, et procèdent, avant leur constitution définitive, aux formalités préalables, lorsque le cas le requiert. Le corps législatif, lorsqu'il est constitué, en instruit l'empereur par une députation.

ART. 193.

Une chambre ne peut délibérer en l'absence de l'autre : néanmoins, si l'une des deux chambres refusait de s'assembler, après une invitation préalable, la chambre constituée exercera seule le pouvoir constitutif. A cet effet, son premier acte, à défaut d'action de la part de l'empereur, sera de convoquer une assemblée générale des colléges électoraux, dont la réunion ne pourra être fixée à plus d'un mois, pour procéder à une nouvelle élection des représentans des deux chambres. Pendant ce temps, elle prendra, concurremment avec l'empereur, toutes les mesures qu'exigeraient le salut de l'empire et le maintien de la constitution et des lois. Dans le cas d'intentions perfides de la part de l'empereur, elle agira seule.

ART. 94.

Ni l'une ni l'autre assemblée ne peut valablement délibérer, si le nombre des membres présens n'égale pas les deux tiers de la totalité du nombre des représentans. Les délibérations sont prises à la majorité absolue des membres présens. Chaque représentant dépose dans l'urne la boule de son vote ostensiblement, en indiquant à haute et intelligible voix la nature de son vote. Les deux chambres ne peuvent se réunir pour délibérer ensemble, si ce n'est dans le cas prévu par l'art. 103.

ART. 95.

Les membres de l'une et l'autre assemblée reçoivent une indemnité de vingt-cinq francs par jour pendant toute la durée de la session ; elle leur est due du jour de la première réunion.

ART. 96.

L'indemnité ne pourra être exigée pour les jours pendant lesquels les représentans se seront abstenus d'assister aux séances, à moins qu'ils n'aient été retenus pour cause de maladie, ou autres motifs graves, dont chaque assemblée juge le mérite.

ART. 97.

L'absence des représentans sera constatée sur un registre tenu à cet effet par le bureau ; il en est donné publiquement connaissance aux absens, sitôt qu'ils reparaissent. Lorsque le nombre des séances manquées s'élevera à trente, la chambre déclarera que le représentant a cessé d'en faire partie ; elle appellera pour le remplacer le premier suppléant dans l'ordre du tableau.

ART. 98.

Les séances du corps législatif commencent au plus tard à onze heures du matin ; elles doivent durer au moins six heures.

ART. 99.

Aucun membre de l'une et l'autre assemblée ne peut accepter de place, ni recevoir de don ou pension, traitement ou commission du pouvoir exécutif ou de ses agens, pendant la durée de ses fonctions, ni pendant une année après en avoir cessé l'exercice. En cas de contravention, il cesse à l'instant de faire partie de la chambre, et est remplacé par le suppléant ; il ne peut plus être nommé représentant pendant les dix ans qui suivront.

ART. 100.

La proposition des lois appartient indistinctement à l'une et l'autre assemblée, ainsi qu'à l'empereur.

ART. 101.

Lorsqu'un projet de loi adopté par une chambre est rejeté par l'autre, il ne peut plus être représenté qu'à la session suivante.

ART. 102.

Lorsque après deux épreuves les chambres n'ont pu s'accorder sur les amendemens à faire à un projet de loi, il y est pourvu de la manière suivante, en cas d'urgence ; hors ce cas la discussion sera renvoyée à la session prochaine.

ART. 103.

Les deux tiers plus âgés de la totalité des membres de l'une et l'autre chambre se réunissent en une seule assemblée; après une nouvelle discussion , le projet de loi est adopté, rejeté ou amendé à la majorité absolue.

ART. 104.

Aucun des membres du corps législatif ne peut être recherché , accusé , ni jugé , en aucun temps, pour ce qu'il a dit ou écrit dans l'exercice de ses fonctions.

ART. 105.

Les membres du corps législatif, depuis le moment de leur nomination jusqu'au trentième jour après l'expiration de leurs fonctions , ne peuvent être mis en jugement, que dans les formes prescrites dans les articles qui suivent.

ART. 106.

Ils peuvent, pour faits criminels, être saisis en flagrant délit ; mais il en est donné avis sans délai à l'assemblée à laquelle ils appartiennent, et la poursuite ne peut être continuée qu'après que l'assemblée aura décidé qu'il y a lieu à accusation.

ART. 107.

Hors le cas de flagrant délit, les membres du corps législatif ne peuvent être amenés devant les officiers de police ,ni mis en état d'arrestation, avant que l'assemblée dont ils font partie, ait prononcé la mise en accusation.

ART. 108.

Les membres du corps législatif , lors de l'ouverture de la session, prononceront tous ensemble, au nom du peuple français, le serment *de vivre libre ou mourir.* Ils prêteront ensuite individuellement *serment de maintenir de tout leur pouvoir la constitution de l'empire décrétée le.......... de ne rien proposer, ni consentir, dans le cours de la session , qui puisse y porter atteinte, et d'être en tout fidèles à la nation , à la loi, à l'empereur.*

ART. 109.

Les chambres se renouvelleront en entier, alternativement ;

le sort désignera quelle est celle qui devra se renouveler la première.

ART. 110.

Tout citoyen français a le droit d'adresser des pétitions à l'une et l'autre assemblée; il est interdit d'en porter en masse à la barre.

ART. 111.

Les fonctions du corps législatif sont de proposer et de décréter les lois; de fixer les dépenses publiques; d'en déterminer la quotité, la durée et le mode de perception; de régler la quotité du traitement de l'empereur, qui, dans aucun cas, ne pourra dépasser douze millions, pour lui et sa famille; de faire la répartition de la contribution directe entre les départemens de l'empire; de surveiller l'emploi de tous les revenus publics, et de s'en faire rendre compte; de décréter la création ou la suppression des emplois publics; de déterminer le titre, le poids, l'empreinte et la dénomination des monnaies; de permettre ou défendre l'entrée des troupes étrangères sur le territoire français et des forces navales étrangères dans les ports de l'empire; de statuer annuellement sur le nombre d'hommes et de vaisseaux dont les armées de terre et de mer seront composées, sur la solde et le nombre d'individus de chaque grade, sur les règles d'admission et d'avancement, les formes de l'enrôlement et du dégagement, la formation des équipages de mer; de statuer sur l'administration et d'ordonner l'aliénation des domaines nationaux; d'établir les règles d'après lesquelles les marques d'honneur ou décorations, purement personnelles, seront accordées à ceux qui auront rendu des services à l'état; de décerner les honneurs publics à la mémoire des grands hommes, et de décréter leur admission au Panthéon : cette admission ne peut jamais être décrétée que six ans après la mort; enfin de statuer sur tout ce qui peut être l'objet d'une loi.

ART. 112.

Toutes les fois que le corps législatif dispose sur un objet quelconque, il épuise la matière; il ne peut renvoyer aux dispositions des lois précédentes: toutes les dispositions antérieures de ces lois se trouvent de plein droit [abrogées, sans qu'il soit besoin de l'énoncer.

ART. 113.

Le corps législatif a droit de disposer, pour sa sûreté et pour le maintien du respect qui lui est dû, des forces qui, de son consentement, seront admises dans Paris. A l'exception des deux régimens désignés pour le service de l'empereur, aucun corps de troupes de ligne ou de réserve ne peut passer ou séjourner dans la distance de trente mille toises de Paris, pendant le temps de la session législative, sans qu'il lui en soit donné avis.

ART. 114.

Toutes les fois qu'il s'agira de crimes contre le gouvernement, la sûreté de l'état, le maintien de la constitution, commis par des individus avec des signes de ralliement et couleurs autres que les couleurs nationales, le corps législatif pourra retenir à lui la connaissance et le jugement de ces crimes, désigner quelle est la chambre qui s'en occupera, ou nommer des commissions pour procéder au jugement des coupables (1).

ART. 115.

Le corps législatif peut se proroger, mais jamais à plus d'un mois; si la session a duré plus de huit mois, l'empereur peut la clôturer.

ART. 116.

Le corps législatif peut être dissous par l'empereur, à la

---

(1) La circonstance des couleurs nationales garantit les patriotes des effets de cette disposition; d'ailleurs le Corps législatif, tel qu'il est formé, véritable expression de l'opinion publique, étant le seul pouvoir constituant, a le droit de disposer et prendre toutes mesures dans de grandes circonstances; il ne peut par sa formation inspirer aucune crainte aux amis de la liberté et de la patrie.

charge par lui d'en convoquer un nouveau dans les quarante jours. Le décret de dissolution doit en même temps porter convocation des colléges électoraux, sans cela il ne peut avoir d'effet. Hors le cas prévu par la constitution, les deux assemblées ne peuvent être dissoutes qu'en même temps. Le décret de dissolution qui ne concernerait qu'une assemblée est nul de plein droit et ne doit pas être exécuté.

ART. 117.

Les ministres ont entrée dans les deux chambres du corps législatif; ils doivent être entendus toutes les fois qu'ils le demandent, sur les objets relatifs à leur administration, ou lors qu'ils sont requis de donner des éclaircissemens.

Ils seront entendus sur les objets étrangers à leur administration, quand les assemblées leur accorderont la parole.

ART. 118.

Une députation du corps législatif porte à l'empereur les lois votées. Une députation de représentans va recevoir l'empereur lorsqu'il doit se rendre à l'une ou l'autre assemblée, et l'accompagne à sa sortie; il en est de même toutes les fois que le Corps législatif ou l'une ou l'autre assemblée se met en relation avec l'empereur.

ART. 119.

Dans les cas extraordinaires, et lorsque le salut de l'empire et le maintien de la constitution et des lois pourraient être compromis dans l'intervalle des sessions, en cas de mort de l'empereur ou du régent, ou toute autre cause, provenant soit de l'intérieur soit de l'extérieur, ou par suite de la violation de la constitution ou des lois, ou abus de pouvoir de la part de l'empereur, ou du régent, le Corps législatif doit s'assembler de suite, prendre, prescrire et ordonner toutes les mesures propres et nécessaires à la sûreté de l'empire et à la conservation de la constitution et des lois.

ART. 120.

Tous les traités de paix, d'alliance, de commerce ou autres, sont soumis à l'approbation du Corps législatif; ils sont discutés comme des lois, et ne peuvent devenir définitifs qu'après sa ratification. Les déclarations de guerre sont également soumises au Corps législatif, s'il est assemblé.

ART. 121.

Les articles secrets d'un traité ne peuvent être destructifs des articles patens.

ART. 122.

Dans la première législature, le Corps législatif révisera tous les codes, en simplifiant la procédure autant que possible; il révisera également toutes les lois rendues, disposera de nouveau, et abrogera et anéantira toutes les dispositions antérieures.

De l'Empereur.

ART. 123.

La personne de l'empereur est inviolable et sacrée. Cette inviolabilité cesse lorsqu'il a été déchu, ou qu'il a été déclaré avoir abusé du pouvoir qui lui a été confié, ou avoir violé la constitution ou les lois.

Le seul titre de l'empereur est celui d'*Empereur des Français*; les qualifications et dénominations de *Sire* et de *Majesté*, ou toutes autres expressions de la servilité, sont abolies, et ne pourront être rétablies en aucun temps.

ART. 124.

La dignité impériale est héréditaire dans la famille de l'empereur, de mâle en mâle, par ordre de primogéniture, à l'exclusion perpétuelle des femmes, sauf les cas prévus par la constitution.

ART. 125.

L'héritier présomptif portera seul le titre de *prince impérial*; les autres enfans de l'empereur ajouteront aux noms qu'ils ont reçus dans leur acte de naissance la qualité de *princes français*; elle n'emportera aucun privilége ni exception au droit commun des Français. La dénomination de *prince* ou toutes autres ne pourront être données à aucune autre personne.

ART. 126.

Le prince impérial ne peut sortir du territoire de l'empire, ni se marier, sans le consentement du Corps législatif, à moins qu'il ne renonce à succéder.

ART. 127.

L'empereur, lors de sa nomination, prêtera serment à la nation, en présence de l'assemblée nationale extraordinaire, ou du Corps législatif, si l'assemblée nationale extraordinaire s'est dissoute, du conseil d'état, des divers corps judiciaires, administratifs et de sciences résidant à Paris, des officiers supérieurs de l'armée, de toutes les troupes et corps militaires se trouvant à Paris, de toute la garde nationale parisienne, d'une députation de cinquante gardes nationaux de chaque département, d'une députation de cinquante militaires des divers régimens et corps de l'armée de terre et de mer.

ART. 128.

Le serment de l'empereur est ainsi conçu : *Je jure d'être fidèle à la nation et à la loi, d'employer tout le pouvoir qui m'est délégué à maintenir la constitution décrétée le . . . . . . à faire exécuter les lois, et respecter au dehors l'intégrité du territoire de l'empire français, à n'employer l'autorité dont je suis revêtu que dans l'intérêt et la gloire du peuple français.*

ART. 129.

A la mort de l'empereur, si le Corps législatif n'est pas assemblé, le prince impérial, avant de prendre la dignité impériale, fera publier une proclamation dans laquelle seront exprimés ce serment et la promesse de le réitérer aussitôt que le Corps législatif sera réuni : jusque-là il n'a aucune autorité. Lorsque après avoir fait ce serment l'empereur, le prince impérial, ou le régent, le rétractera, il se trouvera, par cette rétractation, déchu de toute autorité ; l'obéissance devra être refusée par tous; il sera alors en hostilité ouverte avec la nation.

ART. 130.

Il n'y a point en France d'autorité supérieure à celle de la loi : l'empereur n'administre et ne gouverne que par elle, et ce n'est qu'au nom de la loi qu'il peut exiger l'obéissance,

ART. 131.

L'empereur est le chef suprême de l'empire : il commande les forces de terre et de mer, déclare la guerre, fait les traités de paix et d'alliance, de commerce et tous autres, sauf l'approbation ultérieure du Corps législatif, nomme aux emplois autres que ceux dont la nomination appartient à l'élection populaire, en suivant toutefois les lois qui peuvent être rendues sur l'avancement. Il fait tous les réglemens et décrets nécessaires à l'exécution des lois, sans néanmoins pouvoir s'immiscer par là dans le pouvoir législatif. Il est le chef suprême de l'administration de l'empire; le soin de veiller au maintien de l'ordre et à la tranquillité publique, le soin de veiller à la sûreté extérieure de l'empire, d'en maintenir les droits et possessions, lui est confié. Il confère le commandement des armées de terre et de mer, et nomme à tous les grades, en se conformant néanmoins aux lois sur l'avancement. L'effigie de l'empereur est empreinte sur toutes les monnaies de l'empire.

Durant l'intervalle des sessions du corps législatif, et seulement dans les circonstances graves et extraordinaires, telles que d'attaque extérieure, de troubles intérieurs, ou autres cas qui tendraient à compromettre la tranquillité de l'empire et le maintien de la constitution et des lois, l'empereur demeure revêtu d'un pouvoir dictatorial, il décrète les levées d'hommes et les impôts nécessaires : il lui est loisible alors de prendre toutes les mesures quelconques propres à assurer la paix publique, l'intégrité du territoire et le maintien de la constitution et des lois. Le pouvoir laissé à l'emperur à cet égard n'a pour but que la conservation de l'empire français, de la constitution et des lois ; il ne peut jamais tendre à les renverser et à usurper la souveraineté.

Dans tous les cas où l'empereur use du pouvoir dictatorial, il est obligé de rendre compte de l'exercice de ce pouvoir devant le corps législatif dès le commencement de la session prochaine. Il est, pour ces cas, personnellement et concurremment avec les ministres, responsable de tous les actes faits en vertu du pouvoir dictatorial.

ART. 132.

L'empereur exerce, simultanément avec le corps législatif, l'initiative de la proposition des lois. Il est de son devoir de proposer tout ce qu'il peut juger utile au pays.

ART. 133.

L'empereur est chargé de faire sceller les lois du sceau de l'empire, et de les faire promulguer et exécuter. Il les envoie à cet effet aux corps administratifs et judiciaires, dans les dix jours de la remise qui lui en a été faite par la députation du corps législatif. Il en justifie auprès du corps législatif.

ART. 134.

En toutes circonstances, les décrets, réglemens et ordres de l'empereur sont contre-signés par un ministre ; lorsqu'il use du pouvoir dictatorial, ils doivent l'être par trois.

ART. 135.

A l'empereur appartient le choix et la révocation des ministres.

ART. 136.

Le palais des Tuileries est la résidence de l'empereur. Deux des maisons, dites royales, actuellement existantes, sont affectées aux délassemens de l'empereur. L'entretien et ameublement du palais et des deux maisons de campagne choisies par l'empereur sont fait aux frais de l'état.

ART. 137.

Un régiment d'infanterie et de cavalerie de la réserve impériale fait le service auprès de l'empereur, concurremment avec la garde nationale, s'il le juge convenable. Ces régimens sont relevés tous les trois mois.

De la Déchéance de l'Empereur.

ART. 138.

En cas de démence, d'imbécillité, de trahison, d'usurpation des pouvoirs, ou de toute autre cause nuisible à l'intérêt de l'empire et au maintien de la constitution et des lois, provenant ou de la privation de connaissances intellectuelles de l'empereur ou du prince impérial, ou de leurs volontés et actes, la dignité impériale peut être déférée au prince le plus proche en degré, ou à tout autre membre de la famille impériale, en choisissant toujours le plus capable : à défaut de parens, au citoyen le plus digne.

ART. 139.

Dans les cas prévus par l'article précédent, l'une ou l'autre assemblée du corps législatif peut demander l'examen de la question de déchéance.

ART. 140.

Si la majorité absolue de l'assemblée vote qu'il y a lieu à l'examen, elle rédige une proclamation au peuple français, dans laquelle elle exprime les motifs qui l'ont déterminée, et renvoie l'examen à l'autre chambre, à jour fixe. Il ne peut y avoir moins d'un mois entre ce jour et le jour où la proclamation est adressée au peuple.

ART. 141.

Si l'autre assemblée rejette l'examen, la première assemblée sera dissoute. Cette dissolution est prononcée par l'empereur avec convocation des colléges électoraux, pour être procédé dans le mois à l'élection d'une nouvelle assemblée; aucun membre de la chambre dissoute ne pourra être réélu pour la nouvelle.

ART. 142.

Pendant ce temps, l'autre chambre se prorogera jusqu'au moment de la réunion de la nouvelle, et l'empereur demeurera, personnellement et concurremment avec les ministres, responsable de l'exercice du pouvoir exécutif; néanmoins, si le salut de l'empire, de la constitution et des lois, l'exigeait, elle pourrait continuer l'exercice de ses pouvoirs.

ART. 143.

Dans le cas contraire, si les deux chambres sont du même avis, et décident qu'il y a lieu à déchoir, elles motivent leur décision, et adressent une proclamation au peuple français, pour la convocation des colléges électoraux, afin de nommer une assemblée extraordinaire, pour prononcer ou rejeter définitivement la déchéance.

ART. 144.

La convocation des colléges sera fixée au quarantième jour après la proclamation au peuple; pendant ce temps, le corps législatif continuera l'exercice de ses pouvoirs, et veillera au salut de l'empire, de la constitution et des lois.

ART. 145.

Dès le jour où la question de la déchéance a été admise dans la seconde chambre, l'exercice du pouvoir exécutif est suspendu dans les mains de l'empereur : c'est un devoir pour tous de lui refuser l'obéissance. Les ministres exercent le pouvoir exécutif sous leur responsabilité et sous la surveillance du corps législatif, qui peut prescrire toutes mesures dans l'intérêt de l'état, de la constitution et des lois, remplacer les ministres, et choisir même celui qu'il croira le plus capable et le plus digne pour exercer provisoirement le pouvoir exécutif.

ART. 146.

Chaque collége nommera, pour l'assemblée extraordinaire, le double du nombre des représentans qu'il nomme dans les cas ordinaires. Il n'est point nommé de suppléans pour les assemblées extraordinaires. Aucun des membres du corps législatif actuel ne peut être élu représentant dans l'assemblée extraordinaire.

ART. 147.

Les représentans de cette assemblée se réuniront à Paris dix jours après leur élection. Dès qu'ils seront en nombre égal aux trois quarts de la totalité, ils se constitueront en assemblée nationale extraordinaire. La peine à prononcer contre les absens est laissée à l'arbitraire de l'assemblée.

ART. 148.

Il est procédé, dans les assemblées extraordinaires, à la formation du bureau et à toutes les diverses formalités, comme dans les autres assemblées. Les décisions sont rendues à la majorité absolue des membres présens.

ART. 149.

Les représentans de l'assemblée nationale extraordinaire prêteront tous ensemble, au nom du peuple français, le serment de *vivre libre ou mourir.* Ils prêteront ensuite individuellement le serment *de maintenir, de tout leur pouvoir, la constitution de l'empire, d'examiner scrupuleusement, dans leur âme et conscience, en bon citoyen et vrai patriote, s'il est dans l'intérêt de l'état de déchoir l'empereur, et à qui la dignité impériale doit être déférée; de ne se décider, dans cette importante question, qu'en vue du bien public, et d'être en tout fidèle à la nation.*

ART. 150.

Dès qu'ils seront constitués en assemblée nationale extraordinaire, ils prononceront la dissolution du corps législatif, et prendront toutes les mesures nécessaires pour assurer le maintien de la constitution et la sûreté de l'empire.

ART. 151.

La discussion sur la déchéance ne pourra durer moins de vingt jours; elle est publique. L'assemblée adresse ensuite une proclamation au peuple français, dans laquelle elle déduit les principaux motifs de sa décision.

ART. 152.

L'assemblée nationale extraordinaire ne peut s'occuper que de la question de déchéance, et, s'il y a lieu, du choix de l'empereur, sauf les mesures de sûreté dans l'intérêt de l'état.

ART. 153.

Sitôt après la décision et après la proclamation au peuple français, l'assemblée nationale extraordinaire procédera à la formation du corps législatif. A cet effet, les noms de tous les représentans élus par les quatre premiers colléges seront placés dans une urne ; la moitié de ces noms sera tirée au sort ; les représentans, dont le sort aura fait sortir les noms, formeront la chambre industrielle , l'autre moitié désignera les suppléans. Il sera procédé de même à la formation de la chambre territoriale. Tous les noms des représentans élus par les cinquième et sixième collèges seront également placés dans une urne : la première moitié des noms, que le sort aura amenés, déterminera les noms des représentans qui devront composer la chambre territoriale, l'autre moitié, ceux des suppléans.

ART. 154.

Il sera procédé relativement à la déchéance du régent, ou aux changemens à faire à la constitution , et dans tous les cas extraordinaires et graves, où le salut de l'empire et le maintien de la constitution pourraient être compromis, de la même manière qu'il a été prescrit pour la déchéance de l'empereur.

ART. 155.

Dans tous les cas, l'assemblée nationale extraordinaire ne peut s'occuper que de l'objet pour lequel elle a été convoquée, sauf les mesures de salut public : tout autre acte qu'elle entreprendrait de faire est déclaré inconstitutionnel et nul de plein droit.

ART. 156.

L'élection du premier empereur aura lieu dans une assemblée extraordinaire, qui déterminera elle-même la forme et les bases du gouvernement, et constituera les diverses institutions qui doivent régir le peuple français.

Des Ministres.

ART. 157.

Aucun décret, réglement ou ordre de l'empereur, ne peut être exécuté, s'il n'est signé par lui et contre-signé par un ou plusieurs ministres, suivant les cas. En aucun cas, l'ordre verbal ou écrit de l'empereur ne peut soustraire les ministres à la responsabilité de leurs actes.

ART. 158.

Les ministres sont responsables de tous les délits par eux commis contre la sûreté nationale et la constitution, de tout attentat à la propriété et à la liberté individuelle, de toute dissipation des deniers destinés aux dépenses de leur département, enfin de tous les actes de leur administration signés par eux, et de l'exécution des lois.

ART. 159.

Toutes les fois que, pour quelque cause que ce soit, il y aura vacance à l'empire, les ministres exercent, sous leur responsabilité personnelle et solidairement, le pouvoir exécutif.

ART. 160.

Les ministres peuvent être accusés par l'une ou l'autre assemblée : s'ils sont accusés par la chambre industrielle, ils sont jugés par la chambre territoriale ; s'ils sont accusés par la chambre territoriale, ils sont jugés par la chambre industrielle.

ART. 161.

Avant de prononcer la mise en accusation d'un ministre, l'assemblée devant laquelle l'accusation a été portée doit déclarer qu'il y a lieu à examiner la proposition d'accusation.

ART. 162.

Cette déclaration ne peut se faire qu'après le rapport d'une commission de soixante membres tirés au sort. Cette commission ne fait son rapport que dix jours au plus tôt après sa nomination.

ART. 163.

Lorsque l'assemblée a déclaré qu'il y a lieu à examen , elle peut appeler le ministre dans son sein pour lui demander des explications. Cet appel ne peut avoir lieu que dix jours après le rapport de la commission.

ART. 164.

La proposition de l'examen admise, il est formé une nouvelle commission de soixante membres tirés au sort comme la première , et il est fait par cette commission un nouveau rapport sur la mise en accusation. Cette commission ne peut faire son rapport que dix jours au moins après sa nomination.

ART. 165.

La mise en accusation étant prononcée, l'assemblée nomme des commissaires pris dans son sein , pour poursuivre et soutenir l'accusation devant l'autre assemblée.

ART. 166.

Il est donné au ministre accusé un délai moral pour préparer sa défense ; il se fait assister d'autant de conseils qu'il juge convenable , dont le nombre cependant ne peut dépasser six pour chaque ministre.

ART. 167.

Les assemblées nationales du corps législatif exercent , soit pour caractériser le délit, soit pour infliger la peine, un pouvoir discrétionnaire.

ART. 168.

Tout commandant de l'armée de terre ou de mer peut être accusé par l'une ou l'autre assemblée , et jugé de même que les ministres, pour avoir compromis la sûreté ou l'honneur de la nation.

ART. 169.

Tout citoyen a le droit d'accuser les ministres devant la chambre ; en cas de rejet de l'accusation, les chambres peuvent prononcer telles peines qu'elles jugent convenable contre l'accusateur.

ART. 170.

Le traitement des ministres ne peut dépasser quarante mille francs.

De la Régence.

ART. 171.

Le prince impérial est mineur jusqu'à sa vingtième année ; pendant sa minorité il y a un régent de l'empire.

ART. 172.

La régence appartient au parent de l'empereur le plus proche en degré, suivant l'ordre de l'hérédité, âgé de vingt-cinq ans accomplis, pourvu qu'il soit Français, régnicole, qu'il ne soit pas héritier présomptif d'un autre monarque, et qu'il ait précédemment prêté le serment civique.

ART. 173.

Les femmes sont exclues de la régence.

ART. 174.

Si l'empereur n'avait aucun parent réunissant les qualités indiquées, le régent de l'empire sera élu ainsi qu'il va être dit aux articles suivans.

ART. 175.

Le corps législatif ne pourra élire le régent.

ART. 176.

Dans chaque département, chaque collége électoral se réunira au chef-lieu, d'après la proclamation qui sera faite par le corps législatif, ou, en son absence, par les ministres, dans les trois jours qui suivront la vacance de l'empire.

ART. 177.

Chaque collége électoral élira un citoyen français, domicilié dans le département, auquel il sera donné par le procès-verbal de l'élection un mandat spécial, borné à la seule mission d'élire le citoyen qu'il jugera, en son âme et conscience, le plus digne d'être élu régent de l'empire.

ART. 178.

Aucun des membres du corps législatif actuel ne pourra être élu mandataire dans cette assemblée.

ART. 179.

Les citoyens mandataires nommés dans les divers colléges seront tenus de se rendre dans les dix jours à Paris ; ils formeront l'assemblée électorale, qui procédera à l'élection du régent. L'élection du président et des membres du bureau a lieu comme dans les autres assemblées. L'assemblée prononce telles peines qu'elle juge convenable contre les absens.

ART. 180.

L'élection du régent sera faite au scrutin individuel et à la pluralité absolue des suffrages.

ART. 181.

L'assemblée électorale ne pourra s'occuper que de l'élection du régent, et se séparera aussitôt que l'élection sera terminée, tout autre acte qu'elle entreprendrait de faire est déclaré inconstitutionnel et nul.

ART. 182.

L'assemblée électorale fera présenter, par son président et une députation de vingt-cinq membres, le procès-verbal de l'élection, au corps législatif, qui, après avoir vérifié la validité de l'élection, la fera publier dans tout l'empire français avec une proclamation.

ART. 183.

Le régent exerce jusqu'à la majorité de l'empereur toutes les fonctions attribuées à l'empereur; il n'est pas personnellement responsable des actes de son administration, qui demeurent soumis à la responsabilité ministérielle, si ce n'est des actes du pouvoir dictatorial dont il pourrait user dans des circonstances extraordinaires.

ART. 184.

Le régent ne peut commencer l'exercice de ses fonctions

qu'après avoir prêté devant le corps législatif le serment *d'être fidèle à la nation et à la loi, d'employer tout le pouvoir délégué à l'empereur et dont l'exercice lui est confié pendant la minorité de celui-ci, à maintenir la constitution décrétée le . . . . à faire exécuter les lois et respecter au-dehors l'intégrité du territoire de l'empire.*

ART. 185.

Si le corps législatif n'est pas assemblé, le régent fera publier une proclamation, dans laquelle seront exprimés le serment et la promesse de le réitérer sitôt qu'il sera réuni.

ART. 186.

Tant que le régent n'est pas entré en exercice, les ministres continuent de faire sous leur responsabilité tous les actes du pouvoir exécutif.

ART. 187.

Le traitement du régent est le même que celui de l'empereur, il jouit des mêmes prérogatives.

ART. 188.

Si, à raison de la minorité d'âge du parent de l'empereur appelé à la régence, elle a été dévolue à un parent plus éloigné, ou si elle a été déférée par élection, le régent qui sera entré en exercice continuera ses fonctions jusqu'à la majorité de l'empereur.

ART. 189.

La régence de l'empire ne confère aucun droit sur la personne de l'empereur. La garde de l'empereur mineur demeure conférée à sa mère, sous la surveillance du corps législatif, qui, dans les circonstances graves, ou en cas de convol ou de mort, peut la déférer.

De l'Élection des Représentans.

ART. 190.

Les électeurs de chaque département sont répartis en six colléges électoraux.

ART. 191.

Le premier collége électoral se compose de tous les citoyens
français, âgés de vingt-cinq ans révolus , exerçant des états ou
professions libérales , payant une contribution directe , foncière ou personnelle , quel qu'en soit le taux, jusqu'à trois
cents francs.

ART. 192.

Le second collége électoral se compose de tous les citoyens
français, âgés de vingt-cinq ans révolus, exerçant des professions
purement mécaniques , payant une contribution directe, foncière ou personnelle, quel qu'en soit le taux , jusqu'à trois
cents francs.

ART. 193.

Le troisième collége électoral se compose de tous les citoyens français, âgés de vingt-cinq ans révolus, négocians et
manufacturiers, payant une contribution directe, foncière ou
personnelle, quel qu'en soit le taux, jusqu'à trois cents
francs.

ART. 194.

Le quatrième collége électoral se compose de tous les citoyens français, âgés de vingt-cinq ans révolus, propriétaires
et rentiers, payant une contribution directe, foncière et
personnelle, quel qu'en soit le taux, jusqu'à trois cents
francs.

ART. 195.

Le cinquième collége électoral se compose de tous les citoyens français, âgés de vingt-cinq ans révolus, exerçant quelque état où profession que ce soit, qui paient trois cents francs
et plus d'impostions.

ATT. 196.

Le sixième collége électoral se compose de tous les citoyens
français, âgés de vingt-cinq ans révolus, propriétaires et rentiers sans profession, qui paient trois cents francs et plus
d'impositions.

ART. 197.

Dans chaque département, chaque collége électoral nomme deux représentans et deux suppléans. A Paris, chaque collége électoral nomme le double de représentans et de suppléans (1).

ART. 198.

Les représentans nommés par les quatre premiers colléges, forment l'assemblée industrielle.

ART. 199.

Les représentans nommés par les cinquième et sixième colléges forment l'assemblée territoriale (2).

---

(1) Par cette combinaison, les divers intérêts auront également des organes dans les chambres, tandis que, par le mode aujourd'hui en vigueur, il n'y a qu'un intérêt de représenté.

En outre les riches sont seuls appelés à nommer des députés. Les députés ne peuvent être pris que parmi les plus riches. Qu'en résulte-t-il? des lois toutes en faveur des riches, mais jamais à l'avantage des classes les plus nombreuses et les plus pauvres. Voilà pourquoi le sel, le vin et tous les objets de première nécessité sont excessivement imposés, tandis que la plupart des objets de luxe ne le sont pas. Le contraire cependant devrait avoir lieu dans un gouvernement bien constitué.

L'industrie est encore un monopole en faveur des riches, car au moyen de la limitation du nombre de la plus grande partie des états et professions et des priviléges existans, il faut des sommes énormes pour en acquérir l'exercice.

Par l'effet du cautionnement, la liberté de la presse n'existe que pour la richesse.

Ainsi tout tourne au profit des riches, et toutes les charges pèsent sur les pauvres. On les juge propres au service militaire, dont s'exemptent les riches, en achetant des remplaçans, et à faire partie de la garde nationale, mais on leur refuse même la capacité de nommer un membre du conseil municipal. L'état de société, d'après la Charte, ne tend qu'à faire jouir la fortune seule de tous les avantages, quel que soit le mérite : à moins de talens transcendans, on est réduit à végéter, tandis que la moindre capacité, que l'usure ou la fraude a enrichie, peut se dispenser de la plupart des charges, et profiter exclusivement des droits que tous les hommes tiennent de la nature.

(2) Les chambres seront ainsi la représentation d'intérêts matériels

4.

ART. 200.

Chaque électeur est tenu de s'inscrire lui-même sur le registre électoral de son département, en transcrivant la formule suivante :

---

tandis que la chambre des pairs ne représente rien, quoique sa nature la porte à l'aristocratie et à aider le pouvoir dans ses usurpations, parce que c'est de lui qu'elle tient son existence.

Une chambre des pairs est d'ailleurs un contre-sens dans un pays où l'égalité est proclamée en principe; elle ne peut exister sous la souveraineté populaire. Elle deviendra ensuite un véritable fléau, si elle n'est pas héréditaire, tant que la nomination sera laissée au chef de l'état. On dit qu'elle est un contre-poids : cela peut être vrai quelquefois, mais il se présentera nombre d'occasions où elle se réunira avec le pouvoir du chef de l'état pour paralyser la chambre des députés. Celle-ci, répondra-t-on, refusera l'impôt ; mais alors on est rejeté dans les commotions. Quelle sécurité peut offrir un gouvernement où il faudra souvent recourir aux révolutions et aux soulèvemens populaires, que d'ailleurs les deux pouvoirs réunis pourraient comprimer ! et si malheureusement il se rencontrait un jour, ce qui n'est pas impossible, une chambre de députés, dont la majorité fit cause commune avec les deux autres pouvoirs, la liberté serait anéantie, et le despotisme se trouverait légalement établi par le vice de la constitution.

Au surplus, le contre-poids se trouve établi par le mode que je présente.

Si l'on pensait que l'assemblée territoriale fût trop aristocratique, je ferais observer qu'elle ne peut l'être davantage que la chambre des députés élue d'après la loi de 1817 ; qu'en outre, étant formée de deux colléges, dont l'un appartient au commerce, il se trouvera une très grande quantité d'électeurs à patentes, dont le taux ne sera pas très élevé, quoique au-dessus de trois cents francs.

D'ailleurs, en lui supposant les intentions les plus perverses, elle sera réduite à l'impuissance de nuire par les dispositions de l'article 103, car la chambre industrielle étant composée d'un nombre double de représentans, l'intérêt populaire aura toujours la majorité.

Si l'on objectait, au contraire, que la chambre industrielle est trop démocratique, je répondrais que l'on n'a à redouter aucun résultat fâcheux, parce que, dans chaque collége, il y aura toujours une majorité d'hommes éclairés qui, par leurs professions et leurs propriétés, auront intérêt à ne pas nommer de perturbateurs : il n'y a aucun danger à faire voter ainsi les citoyens. Il n'en est pas de même à les faire voter

Je soussigné, domicilié
exerçant la profession de   *âgé de*
payant   *déclare vouloir exercer*
mes droits d'électeur en bon citoyen et vrai patriote ; en con-
séquence, je jure d'être fidèle à la nation, à la constitution
de l'empire, décrétée le   *à la loi,*
à l'empereur ; de ne céder à aucune manœuvre de l'intrigue
ou de la cabale, et de ne donner mon suffrage qu'à un ci-
toyen probe et éclairé, qu'en mon âme et conscience je
croirai être le plus digne et le plus capable de défendre les
intérêts de la patrie.

ART. 201.

Pour être admis à s'inscrire sur le registre électoral du département, il faut représenter les pièces constatant la profession qu'on exerce. Il faut déposer :

1º Un extrait du registre civique constatant la qualité de
citoyen et la prestation du serment civique ;

2º Un extrait du rôle des gardes nationales où l'on est
inscrit ;

3º Un extrait du rôle des contributions, constatant le taux
de celles qu'on paie, et les quittances du receveur ;

4º L'extrait de naissance.

---

tous ensemble, et, cependant, sous le principe de la souveraineté populaire, le droit de choisir des représentans ne peut être enlevé à aucun
citoyen.

Il faut remarquer ensuite que les prolétaires sont exclus, ainsi que
tous ceux qui ne savent pas écrire. Si l'on examine et scrute attentive-
ment ce mode nouveau, on s'apercevra que, dans aucun collége, la majorité ne sera nuisible aux intérêts de la patrie.

L'objection ne pourrait au surplus concerner que le deuxième collége ;
mais, dans ce collége comme dans les trois autres, il se trouvera une
foule considérable de petits propriétaires, qui tiennent plus encore à
ce qu'ils ont que les grands propriétaires, qui, dans les commotions, ne
perdent jamais tout.

Enfin, en supposant anarchique l'esprit de ce collége, il se trouve pa-
ralysé par la majorité que donnent les trois autres.

ART. 202.

Nul ne peut être admis à s'inscrire, s'il ne fait la représentation et le dépôt de ces pièces, et s'il n'a son domicile réel dans le département. Les extraits de ces pièees ne peuvent être refusés aux citoyens par les détenteurs des registres.

ART. 203.

Ne peuvent être admis à s'inscrire, ceux dont l'exercice des droits de cité est suspendu, aux termes de l'article 44 de la constitution. L'état de domesticité, dont il est fait mention, s'entend non-seulement des domestiques à gages, mais encore de tout individu travaillant pour autrui, moyennant des salaires et appointemens au jour, au mois ou à l'année, et n'exerçant pas pour son compte une profession quelconque.

ART. 204.

Le registre électoral du département est tenu à la mairie du chef-lieu; il est ouvert chaque année, tous les jours fériés ou non, à compter du premier mai.

ART. 205.

Il est clos le trente-un décembre, à trois heures de l'après-midi, par le maire assisté de deux adjoints, et en présence des électeurs qui veulent assister à la clôture.

ART. 206.

Le procès-verbal de clôture doit mentionner la présence des électeurs assistans, s'il y en a, et la remise faite, si elle est exigée, de la déclaration du numéro d'ordre du dernier électeur inscrit. Il est également fait mention que la remise de ce numéro n'a pas été réclamée. Le procès-verbal sera signé par tous les assistans.

ART. 207.

La liste générale des électeurs, classés dans les divers colléges respectifs, est publiée et affichée dans toutes les communes du département, le premier février de l'année suivante.

ART. 208.

Jusqu'au quinze mars, tout électeur est admis à faire valoir devant la cour impériale , qui juge définitivement , ses réclamations sur la liste générale , soit pour faire rayer les électeurs indûment inscrits , soit pour les faire porter dans leurs colléges respectifs , soit pour toute autre cause. Les réclamations des citoyens qui prétendraient avoir été omis doivent également être portées dans le même délai devant la cour, et être admises, pourvu qu'il soit constant qu'ils aient réclamé avant la clôture du registre, ou qu'ils aient acquis leurs droits depuis.

ART. 209.

La cour impériale est tenue de statuer, toutes affaires cessant, sur les diverses réclamations, quelles qu'elles soient, auxquelles a donné lieu la publication. La procédure se fait sans frais.

ART. 210.

Après le quinze du mois de mars, il ne peut être reçu aucune réclamation.

ART. 211.

Les arrêts de rectification ou d'admission sont signifiés au plus tard dans les dix jours de leur reddition , au maire du chef-lieu du département , par le procureur-général et par les parties intéressées , si elles le jugent convenable. Seront admis à s'inscrire jusqu'au premier avril suivant, ceux dont les droits auraient été reconnus par la cour, en faisant toutefois les justifications exigées.

ART. 212.

La liste générale , définitivement arrêtée d'après les arrêts de rectification ou d'admission , est publiée le 20 avril suivant.

ART. 213.

L'électeur porté sur la liste générale définitivement arrêtée ne peut en être rayé qu'en vertu d'un arrêt de la cour. Il exerce ses droits d'électeur jusqu'à cette radiation. Les années suivantes, il n'est publié qu'une liste supplémentaire contenant les rectifications, changemens, radiations et admissions.

ART. 214.

Le procureur-général est chargé de veiller à la radiation des électeurs décédés, ou de ceux qui viennent à perdre leurs droits, et à la classification des électeurs dans les divers colléges.

ART. 215.

Dès le vingt avril chaque électeur peut réclamer et retirer à la mairie du chef-lieu du département sa carte d'électeur : cette carte lui sert pour toutes les élections à venir ; elle ne peut lui être retirée que lorsqu'il a perdu ses droits d'électeur, ou qu'il est passé dans un autre collége, le tout en vertu d'un arrêt de la cour.

ART. 216.

Le citoyen qui, ayant perdu ses droits d'électeur, use néanmoins de sa carte, doit être poursuivi et puni : il en est de même de celui qui confierait sa carte à un individu non électeur, ou bien à un électeur pour aller voter dans un collége autre que le sien, l'électeur ne pouvant voter qu'en personne, et seulement dans le collége auquel il appartient.

ART. 217.

En outre des peines qui pourront lui être infligées pour ce fait, l'électeur perdra ses droits de cité, et sera rayé, tant du registre civique, que du registre électoral. Il en sera de même de l'électeur convaincu d'avoir vendu ou acheté un suffrage, ou d'avoir voté dans un collége qui n'était pas le sien.

ART. 218.

Les colléges électoraux s'assemblent dans tout l'empire, de plein droit et sans convocation, pour procéder, soit à l'élection des représentans, soit à l'élection des fonctionnaires de l'ordre judiciaire et administratif, le premier mai de chaque année, au chef-lieu du département. Il est d'abord procédé à l'élection des représentans et de leurs suppléans, ensuite à celle des magistrats et des autres fonctionnaires.

ART. 219.

Les élections d'arrondissement, soit pour la nomination des magistrats et des fonctionnaires, ont lieu toutes les fois que le besoin l'exige, sur la convocation des président, préfet ou maire, dans leurs attributions respectives, et dans l'arrondissement respectif.

ART. 220.

Chaque collége électoral se divise en sections de cinq cents électeurs, d'après les numéros d'ordre de l'inscription.

ART. 221.

Le bureau de chaque collége et de chaque section de collége se compose d'un président, de quatre scrutateurs et d'un secrétaire; ils sont tous nommés à la pluralité des suffrages.

ART. 222.

Le bureau provisoire de chaque collége ou de chaque section de collége est formé des trois électeurs plus âgés et trois électeurs plus jeunes. Le plus âgé remplit les fonctions de président, le plus jeune celles de secrétaire.

ART. 223.

Les présidens ont seuls la police des colléges et sections de collége. La force armée n'y peut être introduite sans le vœu exprès de l'assemblée; néanmoins, en cas de violence ou de désordres graves, l'ordre du président suffira pour appeler la force publique.

ART. 224.

Il y aura toujours présens dans chaque bureau trois des membres qui en font partie. Les électeurs composant le bureau jugent provisoirement toutes les difficultés qui s'élèvent sur les opérations des colléges, sauf la décision définitive des assemblées nationales. Le bureau est placé de manière que les électeurs puissent circuler à l'entour, et surveiller les opérations.

ART. 225.

Les électeurs votent par bulletins de liste, contenant, à chaque tour de scrutin, autant de noms qu'il y a de nominations à faire. Ils votent d'abord pour la nomination des représentans, puis pour celle des suppléans ; chaque vote est secret, il est déposé plié dans l'urne par l'électeur, au moment où son nom est appelé.

ART. 226.

Nul ne peut voter que dans le collége auquel il appartient ; chaque électeur, avant d'être admis à voter, doit renouveler à haute et intelligible voix, le serment par lui transcrit sur le registre électoral.

ART. 227.

Les noms, la qualification, le domicile de chaque électeur, qui déposera son vote, seront inscrits par le secrétaire ou l'un des scrutateurs sur une liste destinée à constater le nombre des votans.

ART. 228.

Le scrutin demeure ouvert au moins six heures de temps ; il est clos à quatre heures du soir, et dépouillé séance tenante ; le résultat de chaque tour de scrutin est sur-le-champ rendu public.

ART. 229.

L'état du dépouillement du scrutin de chaque section est arrêté et signé par tous les membres du bureau ; il est immédiatement porté par le président et le secrétaire au bureau de la première section du collége, et remis à son président, qui fait, en présence des membres de son bureau et de tous les présidens et secrétaires des autres bureaux de sections, le recensement général des votes, et en proclame publiquement le résultat, *au nom du peuple français.*

ART. 250.

Les représentans et les suppléans sont élus à la majorité absolue des suffrages des membres présens.

ART. 231.

Pour être éligible , il suffit d'être électeur dans l'un des divers colléges de l'empire ; néanmoins la moitié des représentans et des suppléans de chaque collége doit être prise parmi les électeurs du département , l'autre moitié peut être choisie parmi les électeurs de tout l'empire.

ART. 232.

L'âge nécessaire à l'éligibilité est de trente ans pour les représentans de la chambre industrielle , et de vingt-cinq ans pour la chambre territoriale.

ART. 233.

Les fonctions de représentans sont incompatibles avec toute autre fonction publique. Si pendant la durée de la représentation, un représentant accepte une fonction publique, il sera à l'instant remplacé par le premier suppléant de son collége. Il en sera de même toutes les fois que, pour une cause quelconque, quelques-uns des représentans viendront à cesser leurs fonctions : les suppléans seront immédiatement et successivement appelés dans l'ordre du tableau, fait d'après le plus ou moins grand nombre de voix qu'ils ont obtenues lors de leur nomination. A égalité de voix, le plus âgé a le premier rang. Les représentans ne peuvent être remplacés que par les suppléans nommés dans le collége qui les a élus.

ART. 234.

Les représentans sont tenus de se rendre exactement aux séances du corps législatif ; l'assemblée à laquelle ils appartiennent peut enjoindre aux absens de se rendre à leurs fonctions dans le délai de quinzaine au plus tard , à peine de trois mille francs d'amende, s'ils ne proposent pas une excuse qui soit jugée légitime par l'assemblée : en outre, et faute de satisfaire à cette injonction, ils peuvent être considérés comme ayant perdu la qualité de représentans et remplacés par les suppléans. Le citoyen qui se trouvera dans ce cas ne pourra être réélu représentant pendant les dix années qui suivront.

ART. 235.

Les représentans, soit aux assemblées du corps législatif, soit aux diverses assemblées extraordinaires, en outre de l'indemnité de 25 francs par jour ci-dessus fixée, reçoivent une indemnité pour leurs frais de voyage.

ART. 236.

Les fonctions des colléges électoraux se bornent à élire : ils se séparent sitôt les élections faites. Nul citoyen ne peut entrer dans un collége ou section de collége, ni donner son suffrage, s'il est armé.

ART. 237.

Lorsqu'il y a lieu à une réunion de colléges autre que la réunion ordinaire et annuelle, les électeurs inscrits au moment de la convocation des colléges, concourent seuls à la nomination des représentans.

Du pouvoir judiciaire.

ART. 238.

La justice sera rendue gratuitement par des juges élus à temps par les électeurs. Les juges ne pourront être destitués que pour forfaiture dûment jugée, ni suspendus que par une accusation admise.

ART. 239

Les degrés de la hiérarchie judiciaire sont les juges de paix, les tribunaux de première instance, les cours impériales, la cour de cassation. Il y a dans chaque département une cour impériale, qui siége au chef lieu. Il y a une seule cour de cassation pour tout l'empire, elle siége à Paris.

ART. 240.

Les électeurs de tous les colléges, domiciliés dans un arrondissement de justice de paix, nomment leur juge de paix et les suppléans.

ART. 241.

Les électeurs de tous les colléges, domiciliés dans le ressort

du tribunal de première instance , nomment leurs juges.
Les présidens sont ceux qui ont obtenu le plus de voix.

ART. 242.

Dans chaque département, chaque collége électoral nomme
un égal nombre de membres pour la cour impériale. Celui qui
aura obtenu le plus grand nombre de voix sera le premier président ; les présidens seront ceux qui auront, après lui , re-
cueilli le plus de suffrages.

ART. 243.

Les électeurs des troisième et cinquième colléges concourent
seuls à la nomination des membres du tribunal de commerce
de leur ressort. Chaque collége nomme un égal nombre de
membres. Le président est celui qui a obtenu le plus grand
nombre de voix.

ART. 244.

Il est procédé à l'élection de ces divers magistrats, dans les
colléges électoraux, de la même manière qu'à l'élection des
représentans du peuple ; ils sont tous élus à la majorité absolue.

ART. 245.

Lors de l'élection il est élu autant de suppléans qu'il y a
de magistrats. Les suppléans sont appelés, lorsque le cas le
requiert, suivant l'ordre de leur nomination. En cas de
mort, les suppléans remplacent de droit les magistrats
décédés.

ART. 2 46.

Les procureurs-impériaux et les procureurs-généraux , les
avocats-généraux et substituts , les greffiers en chef des tribunaux et cours , sont nommés par l'empereur ; ils sont révo-
cables à volonté.

ART. 247.

Les tribunaux et cours ne peuvent s'immiscer dans l'exercice du pouvoir législatif, ou suspendre l'exécution des lois ,
ni entreprendre sur les fonctions administratives , ni citer de-

vant eux les administrateurs, à raison de leurs fonctions, si ce n'est dans les cas déterminés par la constitution. Leurs fonctions se bornent au jugement des discussions judiciaires.

ART. 248.

Le droit des citoyens de terminer définitivement leurs contestations par la voie de l'arbitrage ne peut recevoir aucune atteinte par les actes du pouvoir législatif.

ART. 249.

Il appartient au pouvoir législatif de régler, dans chaque département, le nombre et les arrondissemens des justices de paix et des tribunaux, ainsi que le nombre des juges dont chaque tribunal sera composé.

ART. 250.

Il ne sera rien changé aux lois actuelles sur la cour de cassation, qu'en vertu d'une loi du corps législatif, qui, cependant, ne pourra jamais transférer à cette cour le droit de connaître du fond des affaires.

De l'Administration intérieure.

ART. 251.

Il y aura dans chaque département, un préfet, un conseil de préfecture, un conseil général de département, et des conseils d'arrondissement.

ART. 252.

La nomination et la révocation des préfets appartiennent à l'empereur.

ART. 253.

Les membres du conseil de préfecture, des conseils d'arrondissement et du conseil général de département, sont nommés par les électeurs à la majorité absolue des suffrages.

ART. 254.

Il est procédé à ces nominations de la même manière qu'à la nomination des représentans.

ART. 255.

Chaque collége électoral nomme un égal nombre de membres du conseil de département, et autant de suppléans.

ART. 256.

Chaque collége électoral nomme un membre du conseil de préfecture et un suppléant.

ART. 257.

Les membres des conseils de département et des conseils de préfecture sont remplacés, lorsque le cas l'exige, par les suppléans élus par les mêmes colléges qui les ont élus.

ART. 258.

Le conseil de préfecture est présidé par le préfet ; à son défaut, par le membre le plus âgé.

ART. 259.

Les appels des décisions du conseil de préfecture sont portés au conseil d'état.

ART. 260.

Les parties ou leurs conseils ont le droit d'être entendus, comme devant les autres tribunaux.

ART. 261.

Les conseils de département nomment leurs président et secrétaire. Lorsque le cas le requiert, le président est remplacé par le membre le plus âgé, et le secrétaire par le plus jeune.

ART. 262.

Dans chaque arrondissement communal, il y a un conseil d'arrondissement. Le conseil d'arrondissement a un président et un secrétaire.

ART. 263.

Tous les électeurs des divers colléges, domiciliés dans l'arrondissement, concourent à la nomination du président, du secrétaire et des membres du conseil ; il est nommé autant de suppléans qu'il y a de membres. Les nominations ont lieu à la majorité absolue des membres présens.

Les présidens des conseils d'arrondissement remplissent les fonctions des sous-préfets, qui demeurent supprimés.

ART. 264.

Les présidens et secrétaires du conseil d'arrondissement doivent avoir leur résidence dans le chef-lieu de l'arrondissement communal.

ART. 265.

Lorsque le cas le requiert, les présidens des conseils d'arrondissement sont remplacés par le plus âgé des membres du conseil, le secrétaire par le plus jeune ; les membres le sont par les suppléans.

ART. 266.

Au corps législatif appartient le droit de fixer et régler les attributions des conseils de préfecture, des conseils d'arrondissement et des conseils de département.

ART. 267.

L'empereur a le droit d'annuler les actes des conseils d'arrondissement et de département, contraires aux lois ou aux ordres qu'il leur aura adressés. Il peut, dans le cas d'une désobéissance persévérante, ou s'ils compromettent par leurs actes la tranquillité publique, les suspendre de leurs fonctions, soit en partie, soit en totalité.

ART. 268.

Toutes les fois que l'empereur aura usé de ce droit, il en instruit le corps législatif dans le plus bref délai, ou dès le commencement de la prochaine session, s'il n'était pas assemblé, et lui soumet les motifs qui ont déterminé l'exercice de son pouvoir.

ART. 269.

Le corps législatif annule ou confirme les mesures prises et les décrets rendus à cet égard. Il peut même, s'il y a lieu, prononcer la mise en accusation de tous ou partie des membres du conseil, ou rendre lui-même telle décision que de droit.

ART. 270.

Dans toutes les communes de l'empire il y a un ou plusieurs maires, un ou plusieurs adjoints, et un conseil municipal.

ART. 271.

Tous les électeurs des divers colléges, domiciliés dans la commune, concourent à la nomination des maire, adjoint et membres du conseil municipal.

ART. 272.

Les maires sont de droit présidens des conseils municipaux.

ART. 273.

Dans les villes où il y a plusieurs maires, tous les électeurs domiciliés dans chacun des arrondissemens de mairie, concourent à la nomination de leurs maire et adjoints respectifs.

ART. 274.

Le plus âgé des maires sera président du conseil municipal.

ART. 275.

Dans toutes les communes où le nombre des électeurs dépassera cinq cents dans chaque collége, chaque collége nommera une égale quantité de membres du conseil municipal.

ART. 276.

A Paris, les membres du conseil de département rempliront les fonctions du conseil municipal, en s'adjoignant les divers maires : à défaut du préfet, le plus âgé des maires préside.

ART. 277.

Tous les électeurs des divers colléges, domiciliés dans un arrondissement de police, concourent à la nomination des commissaires de police respectifs.

ART. 278.

Tous les actes de l'autorité municipale sont soumis à l'approbation du préfet; tous les fonctionnaires de cette autorité lui obéissent.

ART. 279.

Le préfet et l'empereur peuvent user à leur égard des dispositions des articles 267 et 268, relatifs aux conseils d'arrondissement et de département.

ART. 280.

La surveillance des préfets s'étend également aux commissaires de police ; ils sont également compris dans les dispositions des articles précédens.

DISPOSITIONS GÉNÉRALES AUX NOMINATIONS ÉLECTORALES.

ART. 281.

La durée de toutes les fonctions quelconques, à l'exception de celles de représentans, soit administratives, soit judiciaires, dont il a déjà été fait mention, et dont la nomination est confiée à l'élection populaire, est de cinq ans. Le fonctionnaire est tenu de résider dans l'arrondissement où il exerce.

ART. 282.

Le quinzième jour avant l'expiration des cinq ans, il est procédé à une nouvelle élection des fonctionnaires.

ART. 283.

Il est toujours élu, pour toutes les fonctions quelconques, autant de suppléans qu'il y a de fonctionnaires.

ART. 284.

Les suppléans remplacent les fonctionnaires, toutes les fois que le besoin l'exige. Le fonctionnaire ne peut être remplacé que par le suppléant élu par le collége qui l'a nommé. Dans aucun cas, un suppléant ne peut remplacer un fonctionnaire élu par un collége autre que celui qui l'a lui-même nommé suppléant.

ART. 285.

En cas de cessation de fonctions pour quelque cause que ce soit, les suppléans remplissent de droit les places vacantes, pour la durée du temps à s'écouler ; en ce cas, ils reçoivent les traitemens ou indemnités attachés aux fonctions auxquelles ils succèdent.

ART. 286.

Les suppléans sont soumis à la même responsabilité que les fonctionnaires, toutes les fois qu'ils ont exercé.

DES FONCTIONS A VIE.

ART. 287.

Les membres de la cour de cassation, les membres du conseil d'état, les membres de la cour des comptes, sont nommés à vie par l'empereur. Ils ne peuvent être destitués que pour forfaiture dûment jugée, ni suspendus que par une accusation admise.

ART. 288.

Les membres de ces corps sont choisis par l'empereur, sur une liste générale de citoyens, présentés par tous les colléges électoraux de l'empire.

ART. 289.

Aux premières élections des représentans du peuple, dans chaque département, chaque collége électoral élira deux des citoyens les plus dignes d'exercer ces fonctions.

ART. 290.

L'empereur nomme, parmi les citoyens désignés par les colléges électoraux, ceux qu'ils jugent les plus capables. Les nominations doivent avoir lieu, en choisissant parmi tous les candidats élus, de manière que chaque collége fournisse à peu près un égal nombre de magistrats.

ART. 291.

Les vacances, dans ces divers corps, sont remplies par d'autres citoyens pris sur la liste générale, au choix de l'empereur, en suivant toutefois les dispositions de l'article précédent.

ART. 292.

La liste générale est renouvelée tous les dix ans.

5.

ART. 293.

Le corps législatif détermine les fonctions du conseil d'état et de la cour des comptes, et en règle l'organisation.

DE LA JUSTICE CRIMINELLE.

ART 294.

En matière criminelle, nul citoyen ne peut être jugé que sur une accusation reçue par des jurés ou des juges, ou décrétée par le corps législatif, ou par l'une ou l'autre chambre, suivant les cas où il leur appartient de décréter l'accusation.

ART. 295.

..Un premier jury déclare d'abord si l'accusation doit être admise; le fait est ensuite reconnu par un second jury : ce second jury prononce non-seulement sur le fait, mais encore, en cas de culpabilité, il déclare quelle est la peine que, dans sa conscience, la société a droit d'exiger pour la réparation. Il est laissé à l'arbitraire des tribunaux correctionnels et cours d'assises de diminuer ou d'augmenter la peine; néanmoins, en cas d'aggravation, elle ne peut être portée à plus du double de celle indiquée par le jury.

ART. 296.

Tous les délits correctionnels sont soumis à un jury, sans l'examen préalable du jury d'accusation.

ART. 297.

Aucun délit correctionnel ne peut donner lieu à l'arrestation d'un citoyen, qu'après sa non comparution sur la citation donnée. En matière de presse, nul citoyen ne peut être préalablement arrêté. Dans aucun cas, l'arrestation ne peut avoir lieu qu'après la condamnation. Les condamnés pour délit de presse sont détenus dans un lieu spécial ; ils ne peuvent jamais être confondus avec les individus accusés ou condamnés pour tous autres délits ou crimes.

ART. 298.

Le nombre de six jurés est nécessaire pour former un jury

correctionnel, le nombre de douze pour un jury d'accusation, le nombre de dix-huit pour un jury criminel.

La décision de tout jury, en toute matière, ne peut être rendue qu'à la majorité des deux tiers des voix.

ART. 299.

Les récusations sont exercées respectivement par le prévenu ou l'accusé, et le ministère public. Ils peuvent récuser un égal nombre de jurés. La priorité de la récusation appartient au prévenu ou accusé. Les récusations ne sont point admises pour le jury d'accusation.

ART. 300.

L'urne du jury correctionnel doit toujours contenir au moins vingt noms, celle du jury criminel soixante.

ART. 301.

Le jury correctionnel se prend parmi les électeurs payant cent francs jusqu'à trois cents francs d'impositions; le jury d'accusation et le jury criminel parmi tous les électeurs du premier collége, quel que soit le taux des contributions qu'ils paient, et parmi tous les électeurs payant trois cents francs et plus de contributions.

ART. 302.

Les noms de tous les électeurs devant composer les divers jurys sont adressés par le maire du chef-lieu aux premier président et présidens, dans leurs ressorts respectifs; ils sont tous placés dans une urne, en séance publique, les uns après les autres, à haute et intelligible voix. Toutes les fois que le besoin le requiert, et aux époques déterminées, il est tiré de l'urne le nombre des jurés nécessaires. Les noms sortans sont à l'instant replacés dans une autre urne : il est procédé ainsi jusqu'à ce que la première urne ait été successivement et complétement vidée dans la seconde. La clef de ces deux urnes, qui sont déposées au greffe, demeure dans les mains des présidens.

ART. 303.

La session d'un jury correctionnel ne peut durer plus de dix jours; celle d'un jury criminel plus d'un mois

ART. 304.

Tout citoyen arrêté est libéré de la prévention ou accusation, sans pouvoir de nouveau être poursuivi pour le même délit ou crime, lorsqu'il s'est écoulé une session entière depuis son arrestation, sans avoir été traduit devant le jury, soit en matière correctionnelle, soit en matière criminelle.

DES PEINES.

ART. 305.

La peine de mort et les peines perpétuelles sont abolies ; l'exposition et la marque, ainsi que la confiscation, le sont également. La plus longue durée d'une peine ne peut s'étendre au-delà de vingt ans.

ART. 306.

Sont exceptés des dispositions de l'article précédent, les crimes de haute trahison contre la patrie et la constitution, commis tant à l'intérieur qu'à l'extérieur, par des individus ayant des signes de ralliement, ou des couleurs autres que les couleurs nationales, et dans le but de parvenir à la restauration des Bourbons déchus ou de leurs successeurs.

ART. 307.

En matière commerciale, la contrainte par corps est abolie : aucun citoyen français ne pourra y être soumis. Aucun citoyen ne pourra être également retenu dans les prisons, à l'expiration de sa peine, pour défaut de paiement d'amendes ou frais de condamnation.

DE LA FORCE ARMÉE.

ART. 308.

La force armée est instituée pour défendre l'état contre les ennemis du dehors, et pour assurer au-dedans le maintien de l'ordre et de la constitution, et l'exécution des lois.

ART. 309.

Elle est composée de l'armée de terre et de mer, de la troupe spécialement destinée au service de l'intérieur, et subsidiairement de la garde nationale.

ART. 310.

La force armée est essentiellement obéissante. Nul corps armé ne doit délibérer.

ART. 311.

Toutes les parties de la force armée employées pour la sûreté de l'état, contre les ennemis du dehors, agissent sous les ordres de l'empereur.

ART. 312.

Aucun corps de la force publique ne peut agir dans l'intérieur de l'empire, sans une réquisition légale ou sans l'ordre de l'empereur.

ART. 313.

La réquisition de la force armée dans l'intérieur de l'empire appartient aux officiers civils, suivant les règles déterminées par le pouvoir législatif : néanmoins, en cas de troubles, et faute d'actions de la part des officiers civils, les délégués de l'empereur peuvent instantanément requérir la force armée, et prendre toutes les mesures propres à maintenir la tranquillité publique et l'exécution de la constitution et des lois.

ART. 314.

Dans le plus bref delai il est donné connaissance des troubles à l'empereur, qui prescrit toutes les mesures nécessaires au rétablissement de l'ordre

ART. 315.

L'armée de terre et de mer, et la troupe destinée au service de l'intérieur, sont soumises à des lois particulières, soit pour le maintien de la discipline, soit pour la forme des jugemens et la nature des peines en matière de délits militaires.

ART. 316.

Tous les délits commis par les individus appartenant à l'armée de terre ou de mer, ou à la troupe destinée au service de l'intérieur, autres que les délits purement militaires, sont soumis à la juridiction ordinaire commune à tous les citoyens.

ART. 317.

L'armée de terre se compose de divers régimens de ligne de toutes armes, dont le nombre est fixé par le corps législatif, suivant les besoins, et d'une armée de réserve.

ART. 318.

Le corps de la réserve est formé de régimens d'élite, à l'instar de l'ancienne garde impériale : ces régimens sont composés des militaires les plus anciens, pris parmi les compagnies d'élite de chaque régiment; à défaut, dans les compagnies du centre : ils sont la récompense d'une bonne conduite et d'une bravoure à toute épreuve.

ART. 319.

En outre des rations de pain et de vin, les militaires de l'armée de ligne recevront une solde qui ne pourra être moindre de soixante quinze centimes par jour, qui sera combinée de manière qu'ils touchent vingt-cinq centimes *dits de poche*. Le traitement des officiers et sous-officiers sera en proportion de la paie des soldats; il ne pourra y avoir entre les divers traitemens des officiers, jusqu'au grade de capitaine exclusivement, une différence de plus de deux cents francs, et de plus de cinq cents francs entre les grades supérieurs jusqu'à celui de général de brigade.

ART. 320.

Les soldats, sous-officiers et officiers de l'armée de réserve, recevront une solde double de l'armée de ligne (1).

---

(1)Il est ridicule et intolérable que les défenseurs de la patrie n'aient à dépenser que cinq centimes par jour, tandis que le dernier manœuvre gagne au moins un franc.

Malgré l'augmentation de solde de trente centimes, malgré la suppression des impôts de première nécessité, qui pourront en partie être couverts par ceux qui frapperont les objets de luxe, le budget en temps de paix ne s'éleverait qu'à cinq ou six cents millions au plus; encore, j'ai calculé sur cent départemens, parce que j'ai compris la Belgique, et tous les pays situés entre nos limites naturelles, le Rhin et les Alpes. Il est vrai que j'ai supposé qu'on ferait rendre avec intérêts, le

ART. 321.

L'armée de ligne n'existera qu'en temps de guerre ; en
temps de paix , le corps de réserve, qui ne pourra jamais être
moindre de soixante mille hommes de toutes armes , ni dépasser cent mille . fera seul le service des places fortes. Sitôt
une guerre finie, l'armée de ligne sera licenciée ; les soldats,

---

milliard donné aux émigrés , et que, par ce moyen , on éteindrait la
dette qu'on a créée pour eux. Le nombre de ces derniers qui possèdent
des biens est assez grand, pour pouvoir dire que la restitution des ca-
pitaux par eux reçus, avec les intérêts courus, serait suffisante pour
couvrir la perte résultant des ventes faites par ceux qui ne possèdent
plus rien.

EXEMPLE D'ÉCONOMIE.

Préfet de Paris . . . . .20. 000 fr.
Trois préfets de première classe à . . . . 10,000 fr. 30,000
Dix préfets de deuxième classe à. 8,000 80,000
Soixante-douze préfets de troisième classe à...6,000 432,000
Sous-préfets supprimés, remplacés par les présidens du
conseil d'arrondissement 600,000

Total 562,000

Que l'on compare maintenant ce que coûtent les préfets et sous-préfets, on trouvera une différence énorme.

Remarquez encore que, dans presque toutes les administrations, on
peut supprimer un tiers des employés, sans nuire au service , qui serait
mieux combiné, et réduire considérablement tous les traitemens au-dessus de trois mille francs.

Que de traitemens ensuite pourraient être supprimés ! témoins ceux
de receveurs-généraux, dont les places seraient toujours recherchées.

L'on peut dire aussi avec raison que la plupart des places électives,
et elles le sont presque toutes, seraient partout acceptées sans rétribu-
tion, à l'exemple des tribunaux de commerce. Quelle énorme économie
n'en résulterait-il pas ?

Alors le peuple et les propriétaires se trouveraient allégés d'impôts et
de contributions qui les vexent et les obèrent ; avec un semblable système, il est impossible que la nation ne s'attachât pas vivement à un
gouvernement qui soignerait ainsi ses intérêts, et qui la ferait jouir de
tous les bienfaits de la liberté. Un pareil gouvernement serait inébran-
lable ; il reposerait entièrement sur l'intérêt des masses.

sous-officiers et officiers qui voudront rester au service de la patrie, seront répartis dans les divers régimens de la réserve, qui, si elle n'était pas en nombre, se recruterait des soldats les plus anciens, en choisissant toujours ceux qui se seraient fait distinguer par leur courage et leur bonne conduite; néanmoins, en temps de paix , nul citoyen ne pourra être contraint de servir plus de dix ans dans la réserve, y compris le temps qu'il aurait passé dans l'armée de ligne.

ART. 522.

Quoique en temps de paix il ne doive exister d'autre armée que le corps de réserve, néanmoins pendant les dix ans qui suivront la promulgation de la constitution, ou pendant un temps plus ou moins long , que déterminerait le corps législatif, il pourrait être entretenu une armée de ligne, concurremment avec le corps de réserve, si l'intérêt de l'empire l'exigeait.

ART. 525.

Tout Français est soldat, et peut être appelé à faire partie de l'armée de ligne. Il ne peut parvenir aux grades mêmes de sous-officiers, ni faire partie du corps de réserve, que tout autant qu'il a acquis la qualité de citoyen français. Nul ne peut se faire remplacer. Il ne pourra être admis d'exemption que pour les fils uniques de veuves ou de vieillards septuagénaires.

ART. 324.

Pour suppléer l'armée de ligne en temps de paix , il sera formé dans l'empire diverses écoles militaires de toutes armes, où chaque année tous les Français, entrant dans leur vingtième année, seront tenus de passer le temps suffisant et nécessaire à leur instruction.

Néanmoins, dans les villes où il existera des bataillons de gardes nationales de vingt à vingt-cinq ans, les jeunes Français pourront se dispenser d'entrer aux diverses écoles, en se faisant incorporer dans ces bataillons.

ART. 325.

En cas de guerre, l'armée de ligne se recrutera parmi les jeunes gens des classes les plus récemment instruites, en remontant aux plus anciennes, jusqu'à ce que le complet de l'armée nécessaire ait été atteint.

ART. 326.

L'armée de mer se recrutera de jeunes Français qui pourront être appelés dès l'âge de quinze ans ; il pourra être formé des corps d'élite à l'instar de la réserve. Il sera également formé des écoles de marine dans les divers ports de mer de l'empire. Nul ne pourra se dispenser de ce service, s'il est appelé par le sort, sauf l'exemption pour les fils uniques de veuves et de vieillards septuagénaires. Il ne sera poins admis de remplaçans. Il appartient au corps législatif de déterminer chaque année le nombre des équipages et des divers corps de marine, de fixer la solde des marins, le mode d'instruction et d'avancement, la durée du service et tout ce qui a rapport à cette arme, qui devra toujours être aussi forte et aussi nombreuse que possible. La solde des marins, outre les rations de pain et de vin, devra être en proportion de celle de l'armée de terre et des salaires de la marine marchande. Pour parvenir aux grades il faut être citoyen français.

ART. 327.

Dans chaque département il existera une garde municipale suffisante au maintien de l'ordre. Le conseil municipal de la mairie du chef-lieu en détermine le nombre et règle tout ce qui a rapport à son organisation : néanmoins, le corps législatif tracera les règles d'après lesquelles l'uniformité devra être établie dans tout l'empire.

ART. 328.

Les officiers de l'armée de terre et de mer ne pourront être dépouillés de leurs grades, et émolumens et honneurs qui qui s'y rattachent, qu'en vertu d'un jugement.

ART. 329.

La garde nationale sera organisée dans toutes les parties de l'empire, où cela sera possible, par bataillons de citoyens de vingt à vingt-cinq ans, non mariés; de vingt-cinq à trente, de trente à quarante, et de quarante à soixante, mariés ou non. Les citoyens mariés, âgés de moins de vingt-cinq ans, seront incorporés dans les bataillons de vingt-cinq à trente ans. Pour faire partie de la garde nationale il faut être citoyen français; néanmoins, les jeunes Français entrant dans leur vingtième année pourront être admis dans les bataillons de vingt à vingt-cinq ans, quoiqu'ils n'aient pas encore cette qualité; mais ils ne pourront être admis aux divers grades, qu'après l'avoir acquise.

ART. 330.

Les bataillons des gardes nationaux de vingt à vingt-cinq ans recevront la même instruction militaire que les régimens de l'armée de terre, sans pour cela être astreints à être casernés; ils pourront être mobilisés au premier besoin: en ce cas, ils demeurent assimilés en tout à l'armée de ligne.

ART. 331.

Les bataillons formés de citoyens jusqu'à l'âge de quarante ans font, dans les villes, le service concurremment avec les bataillons de vingt à vingt-cinq ans; les citoyens qui ont dépassé l'âge de quarante ans devront être portés sur les contrôles de réserve, et ne pourront être appelés à faire le service que dans le cas où les autres bataillons ne seraient pas suffisans.

ART. 332.

Dans les communes rurales, la garde nationale sera organisée par compagnies.

ART. 333.

La nomination des sous - officiers et officiers, jusqu'au grade de capitaine inclusivement, appartiendra partout à tous les gardes nationaux de la compagnie; la nomination des chefs de bataillon, à tous les officiers et sous-officiers, auxquels seront adjoints dix gardes nationaux par compagnie, choisis à la majorité absolue des présents; la nomination des officiers de l'état major, à tous les officiers du corps; la nomination des colonels et commandants-supérieurs, à l'empereur. Les nominations seront faites pour trois ans : néanmoins la première nomination qui suivra l'organisation sera renouvelée six mois après.

ART. 334.

Dans chaque bataillon il y aura un conseil de discipline; le conseil de discipline se composera du commandant, de deux capitaines, de deux lieutenans, de deux sous-lieutenans, de deux sergens et de quatre gardes nationaux, nommés par le bataillon à la majorité absolue des suffrages des citoyens présens. Le commandant en est le président. Les conseils seront renouvelés tous les six mois.

ART. 335.

La plus forte peine, pour la faute la plus grave, ne pourra être de plus de six jours de prison ; tout délit qui mériterait une peine plus grave rentrera sous la loi générale des citoyens. Lorsque les gardes nationaux seront mobilisés, ils demeureront soumis aux lois décrétées pour les militaires.

ART. 336.

Les gardes nationales ne forment ni un corps militaire, ni une institution dans l'état : ce sont les citoyens eux-mêmes appelés au service de la force publique.

ART. 337.

Les citoyens ne pourront jamais se former ni agir comme gardes nationales, qu'en vertu d'une réquisition ou d'une autorisation légale.

Ils sont soumis, en cette qualité, à une organisation déterminée par le corps législatif, qui fixera également toutes les autres règles et formalités qui peuvent les concerner. La garde nationale ne peut avoir dans tout l'empire qu'une même discipline et un même uniforme.

Les distinctions de grades et la subordination ne subsistent que relativement au service et pendant sa durée.

ART. 338.

Lors de la distribution des drapeaux, les divers corps de l'armée de terre et de mer prêteront tous ensemble le serment de *vivre libre ou mourir*. Les militaires jureront ensuite individuellement, *fidélité et obéissance à la nation, à la constitution, à la loi, à l'empereur ; de ne se servir des armes que la patrie leur a confiées, que contre les ennemis du dehors, et ceux du dedans qui tenteraient de reconstituer la restauration des Bourbons déchus, ou à renverser le pacte fondamental qui garantit à tous les citoyens les droits sacrés et imprescriptibles qu'ils tiennent de la nature.*

ART. 339.

Ces sermens seront également prêtés par la troupe destinée au service de l'intérieur, et par la garde-nationale.

ART. 340.

Tous les mois, la constitution sera lue aux diverses compagnies et équipages de l'armée de terre et de mer.

DES RAPPORTS DE LA NATION FRANÇAISE

AVECC LES NATIONS ÉTRANGÈRES.

ART. 341.

La nation française renonce à entreprendre aucune guerre dans la seule vue de faire des conquêtes ; elle n'emploiera jamais ses forces contre la liberté d'aucun peuple.

ART. 342.

Les étrangers jouissent en France des mêmes droits que ceux qui sont accordés aux Français par les traités de la nation à laquelle ils appartiennent.

ART. 343.

Les étrangers qui se trouvent en France sont soumis aux

mêmes lois criminelles et de police que les Français ; leurs personnes, leurs biens, leur industrie, leur culte, sont également protégés par la loi.

ART 344.

En cas d'invasion, toutes affaires, tout commerce, toute justice cesseront, dès l'instant de l'envahissement. Tous les Français né doivent alors s'occuper qu'à repousser et détruire l'ennemi. Il est du devoir et de l'honneur de tous de concourir à la défense de la patrie, et de la secourir par tous les moyens possibles. Tous les Français, jusqu'à l'âge de trente ans, en état de porter les armes, doivent marcher à la rencontre de l'ennemi. C'est dans ces momens surtout, que l'empereur doit user du pouvoir dictatorial dans toute son extension, et prendre toutes les mesures propres et nécessaires au salut de l'état : ses ordres et ses décrets à cet égard doivent être exécutés avec la plus grande promptitude et la plus religieuse obéissance. Le corps législatif, s'il n'était pas assemblé, doit se réunir de suite, et aviser avec l'empereur à sauver l'empire.

La paix ne pourra jamais être conclue avec un ennemi dont les troupes ou une partie des troupes se trouveront sur une portion quelconque du territoire français. En outre des peines les plus sévères à porter par la loi martiale contre le défaut d'action et de coopération au salut commun, les Français qui n'auraient pas participé et contribué, par tous les moyens qui étaient en leur pouvoir, à la délivrance de la patrie, perdront l'exercice de tous les droits civils et politiques : leurs biens seront confisqués et vendus au profit des Français pauvres, qui auront pris les armes, et se seront recommandés par leur courage et leur patriotisme.

SECOURS PUBLICS.

ART. 345.

Il sera créé et organisé un établissement général de secours publics pour élever les enfans abandonnés, pour soulager les pauvres infirmes, et fournir du travail aux pauvres valides qui n'auraient pu s'en procurer.

Le minimun de la journée de travail, en tous temps et en tous lieux, ne pourra jamais être fixé au-dessous de deux francs par jour.

INSTRUCTION PUBLIQUE.

ART. 346.

Un institut national est chargé de recueillir les découvertes et de perfectionner les arts.

ART. 347.

Il sera créé et organisé une instruction publique commune à tous les Français, dont les établissemens seront distribués graduellement, dans un rapport combiné avec la division de l'empire.

Chaque commune rurale devra avoir au moins une école primaire gratuite, où les enfans apprendront à lire, à écrire, et les premiers élémens du calcul. Tous les jours fériés le pasteur prêchera la morale naturelle et constitutionnelle. Le premier jour férié de chaque mois il lira au peuple la constitution de l'empire.

ART. 348.

Les citoyens ont le droit de former des établissemens particuliers d'éducation et d'instruction, ainsi que des sociétés libres, pour concourir aux progrès des sciences des lettres et des arts ; néanmoins le corps législatif pourra exiger connaissance des divers statuts et réglemens, surveiller les établissemens, et prescrire, dans l'intérêt de l'empire, telle mesure qu'il croira convenable

RÉCOMPENSES NATIONALES.

ART. 349.

Il sera accordé des pensions à tous les militaires blessés à la défense de la patrie, ainsi qu'aux veuves et aux enfans des militaires morts sur le champ de bataille des suites de leurs blessures. Toutes les pensions quelconques, militaires ou civiles, ne pourront être accordées par l'empereur, qu'avec l approobation du corps législatif, qui révisera toutes les pensions et décorations données par les Bourbons depuis leur première entrée.

ART. 35o.

Il sera décerné des récompenses aux guerriers qui se seront distingués en combattant pour la patrie, et aux citoyens qui ont rendu des services éclatans par leurs talens et leurs travaux.

ART. 55r.

La croix de la légion-d'honneur, telle qu'elle a été instituée par Napoléon, sera la récompense du courage; elle ne sera donnée qu'aux militaires et qu'à des citoyens qui se seront signalés par quelque acte de bravoure, soit en arrachant quelqu'un des flots ou des flammes, soit de toute autre manière.

ART. 35o.

Chaque légionnaire recevra une gratification de trois cents francs par an, qui lui sera payée mois par mois : ce sera le seul traitement attaché à cette décoration. Il ne pourra être accordé une gratification plus forte, à raison des divers grades.

ART. 353.

Le ruban de la décoration du mérite civil sera d'une couleur différente de celui de la légion-d'honneur, qui sera seul de la couleur rouge-moiré, à l'exclusion de tous ordres à fonder. Il ne sera attaché aucune gratification à cette décoration, non plus qu'à toute autre à établir.

Les décorations dites de Saint-Louis, de Saint-Michel, du Saint-Esprit, et toutes autres créées par les Bourbons ou leurs prédécesseurs, sont définitivement et à jamais abolies.

DISPOSITIONS GÉNÉRALES.

ART. 354.

La constitution garantit à tout citoyen l'inviolabilité de toutes les propriétés, ou la juste et préalable indemnité de celles dont la nécessité publique, légalement constatée, exigerait le sacrifice.

Elle garantit également aux inventeurs la propriété exclusive de leurs découvertes ou productions.

ART. 355.

Les maisons de plaisance, dites royales, à l'exception des deux choisies par l'empereur, les biens nationaux non vendus au 31 mars 1814, et toutes les propriétés qui pourraient devenir nationales par suite des condamnations à venir, seront vendus aux enchères publiques : préalablement, les châteaux seront démolis, les ventes des matériaux et du terrain auront lieu par parcelles : la parcelle de terre la plus considérable ne pourra être de plus de vingt hectares. Après l'extinction de la dette publique, l'excédant sera distribué à l'armée et au peuple.

ART. 356.

Il sera établi des fêtes nationales pour conserver et perpétuer le souvenir des révolutions françaises, entretenir la fraternité entre les citoyens, et les attacher à la patrie et aux lois.

ART. 357.

La nation française a toujours le droit de réviser, changer et réformer sa constitution. Lorsqu'il y aura lieu, il sera procédé, selon le mode et la manière déterminés plus haut pour la déchéance de l'empereur.

ART. 358.

La présente constitution et tous les droits qu'elle consacre sont confiés au patriotisme et au courage des armées de terre et de mer, de la troupe destinée au service de l'intérieur, des gardes nationales et de tous les citoyens.

S'il arrivait une circonstance où l'empereur ou tous autres voulussent s'emparer de la souveraineté, tous les citoyens, militaires ou non, ne doivent pas perdre de vue qu'il est de leur devoir et honneur de détruire l'usurpation et la tyrannie par toutes les voies possibles, et de se rallier constamment aux représentans de la nation , en qui résident tous les pouvoirs , afin de *vivre libre ou mourir*.

J.-B. DUPIN,

Avocat à la Cour-Royale de Bordeaux.

TABLE.

Droits de l'homme et du citoyen................................*Pag.* 7
Devoirs.. 11
Abrogation des priviléges et monopoles...................... 13
Liberté individuelle.. id.
Liberté de la presse.. 15
Sociétés populaires... 16
Impôts... id.
Cultes... 18
Du mariage et du divorce.................................... 19
Droits de cité.. 20
Fonctionnaires publics...................................... 22
Des Pouvoirs publics et du gouvernement..................... 27
Du Corps législatif... 29
De l'Empereur.. 37
De la Déchéance de l'Empereur............................... 41
Des Ministres.. 45
De la Régence.. 47
De l'Électeur des représentans.............................. 49
Du Pouvoir judiciaire....................................... 60
De l'Administration intérieure.............................. 62
Dispositions générales aux nominations électorales.......... 66
Des Fonctions à vie... 67
De la Justice criminelle.................................... 68
Des Peines... 70
De la Force armée et de la Garde nationale.................. id.
Des Rapports de la nation française avec les nations étrangères.... 78
Secours publics... 79
Instruction publique.. 80
Récompenses nationales...................................... id.
Dispositions générales...................................... 81

FIN DE LA TABLE.